AF223934

1499

VIE DE MADEMOISELLE

MARIE-ÉLISABETH BRY

MADEMOISELLE MARIE ELISABETH BRY,

pieusement décédée à St Pierre Miquelon

le 22 Février 1885, à l'âge de 24 ans

UN PARFAIT MODÈLE DE PIÉTÉ FILIALE

VIE DE MADEMOISELLE

MARIE-ÉLISABETH BRY

PIEUSEMENT DÉCÉDÉE

A SAINT-PIERRE (ILES SAINT-PIERRE ET MIQUELON)

Par le R. P. OSTER

DE LA CONGRÉGATION DU SAINT-ESPRIT ET DU SAINT CŒUR DE MARIE

Se vend au profit d'une bonne œuvre

PARIS

LIBRAIRIE DE L'ŒUVRE DE SAINT-PAUL

6, RUE CASSETTE, 6

1885

DÉDICACE

A SA GRANDEUR MONSEIGNEUR GERMAIN

ÉVÊQUE DE COUTANCES ET AVRANCHES.

MONSEIGNEUR,

Permettez-moi de venir déposer aux pieds de
Votre Grandeur un bien modeste ouvrage.
Humble missionnaire d'une île lointaine, je n'ai
d'autre titre à votre bienveillance que celui de
travailler au salut des âmes de fidèles originaires
de votre diocèse. J'ai entrepris ce travail avec le
désir de faire un peu de bien à la jeunesse. Cet
âge, exposé à des périls de plus en plus redou-
tables, attire, je le sais, Monseigneur, votre attention d'une manière toute particulière, et fait l'un
des principaux objets de votre sollicitude pasto-

rale. Et, à ce nouveau titre, ce livre doit vous être dédié. C'est à Votre Grandeur qu'il appartient de le bénir, pour que Dieu daigne lui faire produire quelques fruits d'édification, par l'imitation des vertus qui ont brillé dans l'existence courte, il est vrai, mais bien remplie, de *Mademoiselle Marie-Élisabeth Bry*.

Cette modeste et pieuse jeune fille, née à Miquelon, fut conduite toute jeune, par ses parents, à Granville. Elle devint dès lors une des brebis de votre bercail. Elle aimait à se rappeler que c'est des mains de Votre Grandeur qu'elle reçut le Sacrement qui, selon ses expressions, lui « donna les sept dons et les douze fruits de l'Esprit-Saint. » Ces dons célestes la remplirent, en effet, et lui permirent de s'élever rapidement de vertu en vertu.

Ayant grandi en science et en sagesse, elle retourna dans le pays de sa naissance, où elle devint le modèle et l'ornement d'un autre troupeau.

Enfin le divin Pasteur, voyant cette brebis aimante sécher d'ennui dans cet exil, lui ouvrit de bonne heure, nous en avons la douce confiance, les portes du céleste bercail.

Tout en bénissant l'œuvre, que Votre Grandeur daigne bénir aussi l'humble ouvrier apostolique, pour que ses faibles efforts procurent plus sûrement la gloire de Dieu et le salut des âmes.

Veuillez agréer, Monseigneur, l'hommage du profond respect de celui qui est heureux de se dire,

— De Votre Grandeur,

Le très humble et très obéissant serviteur,

J. OSTER.

Paris, le 25 août 1885.

APPROBATION

ÉVÊCHÉ

DE

COUTANCES & AVRANCHES

Coutances, le 14 septembre 1885.

Mon Révérend Père,

Je viens de parcourir votre livre et je vous remercie du bonheur qu'il m'a procuré.

Appartenant à mon diocèse par son origine et son éducation, votre héroïne devait m'inspirer un intérêt particulier. L'intérêt est devenu de l'émotion à mesure que j'avançais parmi de tels parfums de simplicité, de dévouement, de foi, de piété filiale.

La jeunesse qui lira la vie de Mlle Marie-Élisabeth Bry, n'y trouvera point de faits éclatants ; mais à contempler cette limpidité d'âme, cet attachement à sa famille, ce culte pour sa mère, cette force de résignation dans le travail et dans l'épreuve, elle se sentira gagnée par les exemples dont elle a le plus besoin.

Nul ne vous reprochera vos citations. L'âme à qui vous donnez la parole est si délicate ; elle a répandu, sans y viser, un tel charme dans l'expres sion de ses sentiments, qu'on ne se lasse point de l'entendre et qu'on aime à la rencontrer sans cesse.

Combien notre temps et le premier âge de la vie en particulier profiteraient à s'inspirer de telles leçons de respect, d'obéissance, de dévouement, d'amour filial !

Votre livre est d'ailleurs écrit dans un style correct, facile, élégant, qui attache l'attention sans la fatiguer jamais.

Puisse-t-il donc se répandre non seulement dans vos chères îles de Saint-Pierre et Miquelon, mais au sein de la France entière !

Pour ma part, je le recommande à la jeunesse de mon diocèse, et je demande à Dieu de lui faire porter tous les fruits de salut que votre zèle ambitionne.

Recevez, mon Révérend Père, l'assurance de mes sentiments reconnaissants et dévoués.

† ABEL,

Évêque de Coutances et Avranches.

AVANT-PROPOS

❧

Si nous ne considérions que notre faiblesse
et notre impuissance, notre plume se refu-
serait à tracer même la première ligne de ce
travail. Mais n'ignorant pas que Dieu se plaît
souvent, pour opérer le bien, à se servir des
instruments les plus faibles, nous cédons au
désir de glorifier les Sacrés Cœurs de Jésus
et de Marie, en publiant les exemples si édifiants de vertu qu'il nous a été donné d'admirer dans la courte existence de Mademoiselle Marie-Élisabeth Bry, de douce et sainte
mémoire.

Du reste, ce n'est pas une œuvre de littérature que nous entreprenons, mais une
œuvre d'édification et d'apostolat. Car, notre

unique but est de faire du bien, principalement aux fidèles qui nous entourent, et au
salut desquels Dieu a bien voulu, malgré
notre indignité, nous appeler à travailler.

Un mot sur l'origine du projet que nous
mettons aujourd'hui à exécution. Le lendemain du jour où la tombe s'était refermée sur
la dépouille mortelle de Mlle Marie Bry,
témoin de la vive sympathie et des sincères
regrets éveillés dans tous les cœurs par cette
perte prématurée, entendant des éloges sans
réserve sortir de toutes les bouches, nous
avons été heureux de constater que la haute
estime, que nous professions depuis longtemps pour une âme ornée de si nobles
vertus, était partagée par la population d'une
ville entière, et nous nous sommes dit : « Il
n'est pas bon que de si beaux exemples de
vertu périssent ; mais il est utile qu'ils vivent
dans la mémoire des hommes, pour l'édification et l'utilité de tous. » Et il nous
semblait entendre redire ces paroles de Notre-
Seigneur après la miraculeuse multiplication
des pains : « *Colligite quæ superaverunt
fragmenta ne pereant.* Recueillez ce qui reste,
afin que rien ne soit perdu. » (S. JEAN, VI, 12.)

Ce n'est pas à dire, cependant, que nous

soyons en présence d'une vie remplie, tout
entière, par ces actes héroïques de vertus
qui mènent aux honneurs de la béatification.
Le divin Maître nous apprend, en effet, qu'il
y a plusieurs demeures dans la maison de
son Père. Entre les chrétiens ordinaires dont
la conduite est seulement bonne et régulière,
et les saints proprement dits, il y a place
pour des âmes dont la vie est marquée d'un
sceau spécial de piété, de vie surnaturelle et
d'édification. C'est dans cette sphère mi-
toyenne que se sont écoulés, croyons-nous,
les jours de celle dont nous allons esquisser
la biographie.

De nos jours, où la foi et la charité tendent
à diminuer, on regarde trop souvent les vertus des saints comme placées dans des hauteurs inaccessibles à un courage ordinaire;
les âmes d'élite seules trouvent, en considé-
rant ces modèles parfaits, un stimulant efficace pour s'élever, à la suite des saints, dans
les régions sublimes de la pratique héroïque
des vertus chrétiennes. Les âmes ordinaires,
désespérant de pouvoir jamais atteindre à
des sommets si élevés, se résignent à marcher
terre à terre. Mais, si vous mettez sous leurs
yeux une vie moins extraordinaire, remplie

de vertus, j'oserai dire plus communes, elles verront leur courage grandir, elles se sentiront stimulées, elles aussi, à quitter la plaine où se pressent les âmes vulgaires, afin de s'élever, à leur tour, sur les collines d'une vie pieuse et édifiante.

Dans ces régions moyennes, accessibles à un plus grand nombre, l'âme jouit déjà d'un grand calme et d'une solitude suffisante ; elle n'entend plus qu'un faible écho des bruits et du tumulte du monde ; loin de l'atmosphère enfiévrée et viciée du siècle, elle respire un air plus pur et plus sain, qui lui communique bientôt une énergie nouvelle pour s'élever de plus en plus vers le sommet de la perfection chrétienne. Aussi, cette considération nous a fait penser que ce livre pourrait avoir son utilité à côté de la vie des saints proprement dits.

Le caractère dominant de la douce et pieuse enfant que nous allons faire connaître, est, outre son tendre amour pour les Saints Cœurs de Jésus et de Marie, sa remarquable piété filiale. Aussi, n'hésiterons-nous pas à proposer cette vie comme un modèle parfait du respect, de l'obéissance et de l'amour que les enfants doivent à leurs parents. Ce livre vous est donc tout naturellement destiné à vous, enfants, qui cherchez à honorer et à aimer, comme vous le devez, ceux qui vous ont donné le jour. Mais, tout en nous efforçant de vous être utile, l'intérêt de vos bons parents nous tient aussi à cœur. Aujourd'hui surtout, où les liens de la famille tendent de plus en plus à se relâcher, par suite de l'influence délétère d'une littérature malsaine et du courant mauvais de l'esprit public, il nous semble que c'est rendre un vrai service aux familles, et spécialement aux mères chrétiennes, de montrer ce qu'une éducation religieuse, s'ajoutant à une nature remplie de bonne volonté, peut développer de trésors d'affectueuse tendresse et de généreux dévouement dans le cœur d'un enfant, et peut procurer en même temps de douces et ineffables consolations aux auteurs de ses jours.

Mais, ô mères chrétiennes, ne perdez pas de vue que pour réussir dans l'œuvre, à la fois si difficile et si importante, de l'éducation de vos enfants, il faut l'entreprendre le plus tôt possible. « Un jeune cœur », dit le Rév. Père Regnault[1], « c'est le vase qui s'imprègne de

---

1. *Messager du Cœur de Jésus*, mars 1885.

l'essence qu'on y verse; c'est l'étoffe qui se
marque à son pli; c'est l'arbuste qui prend
sa direction fatale, vers la droite ou la gauche. »
« Le jeune homme, dit l'Esprit Saint, suit sa
voie, et même en vieillissant, il ne s'en écarte
point. » (Prov., xxii, 6.) De cette formation
précoce des enfants, dépend le bonheur ou le
malheur des familles; l'Esprit Saint est le ga-
rant de la vérité de nos paroles : « Hâte-toi de
former ton fils, et il te consolera, et il fera les
délices de ton âme » ; mais, s'il est abandonné
aux caprices de sa volonté, « il couvrira de
confusion le visage de sa mère et fatiguera
ses yeux de larmes. » (Prov., xxix, 15-17.)

Voulez-vous donc, ô parents chrétiens,
qu'à l'exemple de celle dont nous écrivons la
vie, vos enfants adoucissent plus tard vos
peines, en déversant dans votre cœur affligé
tout ce que le leur renferme de plus pur, de
plus désintéressé et de plus aimant ? formez-
les de bonne heure à la vertu. Consacrez au
plus tôt ces jeunes cœurs à Dieu, afin qu'il
les dilate, les élève, les purifie et les sanctifie.
Veillez ensuite à les Lui conserver : tant
qu'ils seront à Dieu, ils seront à vous. Épar-
gnez à leur innocence le triste spectacle d'une
vie mondaine, remplie de dissipation ; écartez

soigneusement de leurs lèvres la coupe des plaisirs dangereux ; c'est un poison qui tue tout amour honnête et légitime.

Retenez vos enfants, le plus possible, auprès de vous, même au prix de constants et pénibles sacrifices ; rendez-leur votre société agréable ; devenez enfants avec eux, s'il le faut, pour gagner et conserver plus sûrement leurs cœurs ; en un mot, faites-vous tout à tous, comme le veut saint Paul, afin de les gagner tous à Jésus-Christ. Trop souvent, hélas ! de nos jours, on entend les parents se plaindre de ne pouvoir garder leurs enfants auprès d'eux ; ils constatent avec douleur que ceux-ci s'ennuient dans leur compagnie. D'où vient ce mal ? C'est que par leur manque de vigilance ou par leur imprudence, un amour précoce de plaisirs pernicieux s'est éveillé dans ces cœurs inexpérimentés. A partir de ce moment, adieu cette tendresse naïve si pleine de charmes, cet attachement si dévoué de vos enfants pour vous. Car, « là où est votre trésor, » dit Notre-Seigneur, « là aussi est votre cœur. » (MATH., VI, 21.)

Le cœur de votre enfant aurait dû rester ce « jardin fermé » dont il est question dans le Cantique des cantiques, où les fleurs de toutes les vertus se seraient facilement épanouies, charmant vos regards par l'éclat et la variété de leurs couleurs, réjouissant votre âme par leur suave arôme. En conduisant vous-mêmes votre enfant dans les réunions de plaisir, ou en vous relâchant dans votre surveillance, vous avez détruit la haie destinée à protéger ce jardin qui, étant ouvert à tous les passants, a été bientôt dévasté et saccagé. Tous les bons sentiments qui, comme autant de fleurs tendres et délicates, se développaient à leur aise dans ce jeune cœur ont été foulés aux pieds, déracinés, détruits, et cela, peut-être pour toute la vie. Puissent nos efforts pour empêcher un tel malheur être couronnés de succès !

Quant à l'exécution de notre plan, plusieurs nous reprocheront peut-être d'avoir cité trop de lettres de notre pieuse héroïne. A cela nous répondrons qu'outre le charme particulier que renferment, à notre humble avis, la plupart de ces lettres, elles seront la justification du titre que nous avons donné à ce livre : « *Un parfait modèle de piété filiale.* » D'autres trouveront que nous avons nui à l'unité du sujet, en ajoutant comme un traité didactique sur les vertus cardinales. Cette remarque a quelque fondement ; mais nous avons cru devoir adopter ce plan, comme se prêtant mieux à la réalisation du but spécial que nous nous sommes proposé. D'un autre côté, nous avons voulu faire ressortir combien les vertus de Mlle Bry sont conformes aux principes des meilleurs théologiens ; combien elles sont éloignées de ce vague sentimentalisme que l'on décore quelquefois du nom de vertu et de piété, mais où l'imagination joue souvent le rôle principal.

Certains lecteurs en parcourant ces pages leur reprocheront un trop grand nombre de citations d'auteurs divers. A ceux-ci nous dirons : Rappelez-vous notre fin : d'une part nous avons voulu montrer les profonds abîmes dans lesquels tant d'âmes inexpérimentées tombent chaque jour, abîmes que Mlle Bry, tout en les côtoyant parfois, a su éviter, grâce aux bontés prévenantes de son Dieu, grâce aussi à sa prudence et à sa force d'âme ; d'une autre part, nous avons tenu à indiquer les trésors dont s'enrichissait sa piété, les sources où son âme puisait sans cesse de nouvelles lumières.

Voilà, en quelques mots, l'origine, le but et le plan de cette biographie. Puisse notre œuvre être vraiment utile et profitable aux âmes ! C'est le plus ardent de nos désirs, et, s'il se réalise, ce sera notre plus douce récompense.

Saint-Pierre-Miquelon, le 22 mai 1885.

VIE DE MADEMOISELLE

MARIE-ÉLISABETH BRY

CHAPITRE PREMIER

NAISSANCE ET PREMIÈRES ANNÉES DE MARIE-ÉLISABETH

Dans l'Amérique du Nord, au sud de Terre-Neuve et dans le golfe de Saint-Laurent, la France possède la petite colonie des îles *Saint-Pierre et Miquelon*, derniers vestiges de ses riches et importantes possessions dans ces parages. Ces petites îles, perdues en 1792 , furent recouvrées en 1816. A cette époque, le gouvernement français, pour former le noyau d'une nouvelle population, y ramena cent cinquante des anciennes familles, chassées ou transportées par les Anglais. D'autres familles d'origine française, retirées dans l'Acadie, vinrent aussi, vers cette époque, s'établir dans notre petite colonie.

Ce fut d'une de ces dernières souches, du côté maternel, que naquit, à Miquelon, Marie-Élisabeth Bry, le 7 janvier 1861. Son père, natif de Granville, remplissait alors à Miquelon les fonctions de gérant de la Compagnie générale Transatlantique. Ses rares aptitudes l'avaient désigné, dès l'âge de vingt et un ans, au choix de la Compagnie, pour ce poste important.

Le nom de Marie, qui fut donné à l'enfant à son baptême, devait être comme le principe de cette tendre dévotion qu'elle a professée toute sa vie pour la Mère de Dieu. On s'appliqua de bonne heure à faire pénétrer dans son jeune cœur des sentiments de foi et de piété envers Dieu, de respect, d'obéissance et d'amour envers ses parents. Et l'on sait combien cette première éducation, même longtemps avant l'âge de raison, a des conséquences sérieuses sur toute la vie.

Dans les premières années, cette œuvre est exclusivement réservée à la mère. « La vie d'un enfant », a dit une femme célèbre [1], « est un livre dont les premières pages appartiennent à la mère. Avec quel soin ne doit-elle pas y graver les premières leçons de la piété et de la vertu ! Si un jour le monde et les passions viennent le noircir en y imprimant le caractère du vice et de l'impiété, du moins l'homme y retrouvera les

----

1. Madame Necker.

heureuses impressions de l'enfance, gravées en caractères charmants; et ce doux souvenir lui fera souhaiter que les dernières pages de son livre ressemblent aux premières. » Cette remarque s'applique particulièrement à la femme. Rarement, elle sera sincèrement pieuse et solidement vertueuse, si elle n'a été formée de bonne heure à la piété et à la vertu. Et d'autre part, l'expérience montre que celles qui reviennent, après s'être laissées égarer par l'erreur ou séduire par le vice, doivent souvent leur retour à Dieu aux salutaires impressions gravées dans leur cœur durant l'enfance.

Mais ce n'est pas assez de déposer le plus tôt possible le germe de la vertu dans les jeunes cœurs, il faut se hâter aussi d'en arracher l'ivraie des mauvais instincts, qui trop souvent, hélas! se développe plus rapidement que le bon grain. Les suites fâcheuses du péché originel soulèvent, — qui ne l'a remarqué plus d'une fois? — comme de vraies tempêtes dans ces petits êtres de deux ou trois ans. Les flots tumultueux de la colère, de la jalousie ou d'autres passions bouleversent l'âme de ces jeunes enfants, parfois longtemps avant que leur langue puisse exprimer aucun sentiment. Et il est bien à plaindre l'enfant dont la mère n'est pas attentive à réprimer tout aussitôt ces premières saillies de la nature viciée.

La petite Marie-Élisabeth, dès l'âge de deux à

trois ans, donnait déjà des marques assez pro-
noncées d'une tendance à devenir indépendante
et à se soustraire au joug de l'obéissance. Heureusement, une mère vigilante et ferme étouffa,
dans son germe, ce défaut naissant. Un jour,
entre autres, elle avait présenté à son enfant un
aliment qui n'était pas de son goût ; aussitôt,
pour manifester sa mauvaise humeur, celle-ci
le prend et le jette dans l'appartement. L'ordre
lui est intimé de le ramasser ; elle résiste opiniâ-
trément. Une sérieuse correction — la seule que
la mère se soit vue forcée de lui administrer
— vint, fort à propos, faire respecter l'autorité
maternelle. Toute résistance plia comme par en-
chantement. L'enfant, après ce châtiment, jeta
sur sa mère un regard tout particulier, qui était
comme un mélange d'étonnement, de crainte res-
pectueuse et de regret. Ce même regard caractéristique se lira désormais dans ses yeux, chaque
fois que sa mère devra lui intimer un ordre
exprès : preuve évidente que sa mémoire n'avait
pas oublié la salutaire leçon.

Mais Mme Bry estima que la correction, qui
avait châtié cette première désobéissance, n'était
pas suffisante. Pour briser plus complètement
une volonté trop portée à l'indépendance, elle
soumit sa jeune enfant à une épreuve qui avait le
double avantage de fortifier l'esprit de soumission, et d'être une expiation plus entière de sa

faute : elle l'attacha, pendant plusieurs heures, par un fil de laine, avec défense expresse de rompre ce lien fragile.

Nous relatons ces faits avec un dessein particulier, dans un temps et dans un pays où l'autorité paternelle et maternelle semble perdre de plus en plus toute énergie et toute force pour réprimer le mal dans des enfants que l'on aime, mais que l'on aime mal, parce qu'on laisse grandir en eux, tout à l'aise, des défauts et parfois même des vices naissants. — Il y a plus encore, non seulement la trop indulgente bonté des parents, pour ne pas dire leur faiblesse, craint de contrister en usant à propos de la juste réprimandè et de la correction, mais l'amour aveugle d'un trop grand nombre va jusqu'à excuser les caprices, les boutades, les colères et les désobéissances de leurs jeunes enfants ; et, — le dirons-nous ? — jusqu'à flatter leur vanité par de continuelles adulations, et à développer leur égoïsme et leur sensualité par toutes sortes de faiblesses et de lâches condescendances ! Tôt ou tard, hélas ! Ils récolteront les fruits amers d'une si regrettable conduite. Bientôt leurs enfants, loin de respecter les auteurs de leurs jours, iront jusqu'à les mépriser ; loin de les aimer, ils leur témoigneront, tout jeunes déjà, de l'indifférence et de la froideur. Rigoureux, mais juste châtiment d'une trop aveugle tendresse !

Grâce aux soins attentifs d'une mère et d'une aïeule animées d'une foi vive, la petite Marie, dès ses plus tendres années, manifesta beaucoup de goût pour la prière. On était surtout heureux de remarquer en elle comme les effets d'un aimant secret et puissant, qui attirait son cœur vers celui de la Mère de Dieu. A l'âge de quatre à cinq ans, dès son réveil et avant d'être levée, : le aimait à réciter des prières, à chanter des cantiques en l'honneur de Marie ou quelques strophes de l'*Ave maris stella*, les yeux tournés vers une statue de la Vierge.

En 1867, une nuit de novembre vers onze heures, une tempête effrayante, un vrai cyclone, s'était déchaînée sur Miquelon et semblait vouloir tout anéantir. Plusieurs habitations furent renversées [1] ; d'autres, en grand nombre, subirent d'assez sérieux dégâts. Une maison voisine, dans sa chute, menaça d'écraser celle où se trouvait la petite Marie avec ses parents. Ces derniers, affolés par la peur, ne sachant que devenir, allumèrent des bougies devant l'image de Marie. « Grand'mère, » s'écria alors spontanément l'enfant, « veux-tu que nous récitions ensemble le chapelet ? » Ces paroles furent considérées comme une inspiration du ciel. Au chapelet on

---

1. A Miquelon, toutes les maisons sont construites en bois.

ajouta les litanies de la Vierge en latin, auxquelles l'enfant répondit avec une touchante piété. Et à la fin de ces prières, la tempête commençait à s'apaiser, et bientôt tout était redevenu calme. La maison où l'on avait prié Marie avec tant d'ardeur fut, dans tout Miquelon, à peu près la seule qui n'éprouvât point de dégâts. La famille se plut à attribuer cette heureuse préservation aux prières, sans doute bien puissantes sur le cœur de Dieu, récitées par une enfant dans toute la candeur de sa première innocence, à sa piété et à sa confiance précoces envers la Mère de Dieu.

Les premières impressions s'effacent rarement, et dans la vie de Mlle Bry elles ne s'effacèrent jamais. Nous ne serons donc pas surpris de voir, dans la suite, la dévotion et l'amour envers Marie former comme le cachet spécial de sa piété, comme un sceau béni imprimé par la Mère de Dieu elle-même sur le cœur de son enfant privilégiée.

CHAPITRE II

La Compagnie générale Transatlantique étant sur le point de disparaître de Terre-Neuve, M. Bry se décida à rentrer en France. Mme Bry partit avec sa fille, au mois d'octobre 1868, à bord de l'*Adour*, pour se rendre à Granville. M. Bry alla les rejoindre le mois suivant. Ce qui fit hâter le premier départ, ce fut une assez grave maladie dont Mme Bry se trouvait atteinte. Un prompt changement d'air était devenu urgent. Pendant la traversée, la petite Marie, alors âgée de sept ans, tout en prenant ses joyeux ébats sur le pont du navire, fut pleine d'attention et de sollicitude pour sa mère, obligée de garder le lit pendant la plus grande partie du voyage. Enfin, après dix-huit jours de mer, on jeta l'ancre dans le port de Granville. Le grand air avait produit sur la santé de Mme Bry l'effet bienfaisant attendu.

Après l'arrivée de M. Bry, sa fille reçut à domicile les premières leçons de lecture et d'écriture. Dès ce temps, la petite Marie ne se plaisait que dans la compagnie de ses parents. Jamais elle ne demanda à sortir, pour s'amuser avec d'autres petites filles de son âge ; rarement de petites compagnes vinrent la distraire chez elle. Sa récréation préférée était de s'asseoir, une aiguille et du fil à la main, à côté de sa chère mère, essayant ses petits doigts à quelques points de couture. Elle brûlait du désir de savoir coudre. En présence d'une si bonne volonté, Mme Bry consentit volontiers à enseigner à sa fille l'art de manier l'aiguille, et celle-ci profita admirablement de ces premières leçons.

A l'âge de neuf ans, Marie-Élisabeth entra, comme externe, au couvent des Dames de Saint-Thomas de Villeneuve [1]. Depuis longtemps déjà cette maison avait rendu de grands ser-

---

1. Cette Congrégation a pris naissance en Bretagne, il y a deux siècles. Elle embrasse, en général, toutes les œuvres de charité. Elle dirige des pensionnats, des écoles d'externes et gratuites, des hôpitaux, des orphelinats, des maisons de refuge, des asiles pour les aliénés, etc.

vices à Granville, en procurant aux jeunes filles des meilleures familles une éducation solide et chrétienne.

Dès les premiers jours, « la petite Marie » — c'est le nom qu'elle portait au pensionnat — se fit remarquer au milieu de ses compagnes, comme dans le cercle intime des parents et amis, par ses manières douces, aimables et pleines de délicatesse, qui lui gagnèrent aussitôt les sympathies de tous. A ces qualités elle joignait une grande modestie et beaucoup de détachement.

Elle, qui n'avait jamais vu que les cabanes de pêche et les sécheries de Miquelon, traversait les rues de Granville sans témoigner la moindre curiosité, sans même arrêter ses regards sur les merveilles de l'art et de l'industrie étalées aux vitrines des grands magasins. Aucun objet curieux ne la tentait, quoiqu'elle acceptât avec bonheur et reconnaissance les petits cadeaux qu'on pouvait lui offrir.

Elle se mit avec ardeur à l'étude. Le désir de plaire à un père et à une mère qu'elle chérissait si tendrement, n'était pas le moindre mobile de son application au travail. Une seule fois, à l'âge de neuf ans, elle témoigna de la mauvaise volonté pour apprendre une leçon. C'était le soir ; son père et sa mère désirant, d'après une louable coutume, reconduire leur couturière jusqu'à son domicile, voulaient que la petite Marie récitât d'abord sa leçon. Mais, prières, ordres positifs et menaces, tout vint échouer devant l'obstination de l'enfant. Comprenant alors que c'était pour lui un devoir de déployer de la fermeté, M. Bry ne recula pas devant une sévère correction qui mit bien vite fin à cette mutinerie dont il était impossible d'avoir raison autrement. La leçon fut sue et récitée en un clin d'œil. L'enfant, comprenant la gravité de sa faute par la sévérité du châtiment, fut toute honteuse et peinée de sa désobéissance ; elle en demanda pardon à son père, en termes naïfs et touchants, se jeta à son cou, l'embrassa avec plus de tendresse et d'effusion que jamais, et promit, avec toute la sincérité possible, que pareille désobéissance ne se renouvellerait plus. Et elle tint parole.

Heureuse faute ! dirons-nous. La sévérité avec laquelle elle fut réprimée, en évita peut-être à l'enfant beaucoup d'autres, et d'une conséquence plus grave.

Chaque soir, la petite Marie, agenouillée à côté de son père, faisait sa prière ; souvent elle reposait sa tête contre la sienne ; puis, avant de prendre son repos, elle lui prodiguait les témoignages les plus tendres de sa filiale affection.

Dès l'âge de neuf ans on remarquait en Marie-Élisabeth, outre un goût prononcé pour l'étude et une grande exactitude pour ses devoirs religieux, une force surprenante de caractère

pour dominer la douleur et les faiblesses de la
nature, auxquelles les enfants sont d'ordinaire si
sensibles à cet âge. Un jour qu'elle était tombée
du haut en bas d'un escalier assez élevé, et s'était
meurtri tout un côté, elle se releva sans jeter un
cri, sans verser une larme. Elle s'empressa de rassurer elle-même sa mère accourue épouvantée,
au bruit de la chute : « Ce n'est rien, maman », lui
dit-elle, « il faut que je me dépêche pour aller
en classe. » Celle-ci, toujours inquiète, veut rete-
nir son enfant, mais force lui est de céder à ses
instances.

Quelque temps après, un dimanche matin,
Mme Bry envoya sa fille faire une commission.
L'heure de la messe approchait. Marie, craignant d'être en retard, se hâta ; dans sa précipitation, elle fit une chute et se blessa assez gravement au genou. La mère, par prudence, voulut
garder son enfant chez elle : « Oh ! je t'en prie,
maman », lui dit celle-ci d'un ton suppliant,
« laisse-moi m'en aller, je ne veux pas manquer à
la messe, le dimanche. » Des amis demeurant dans
la même maison, s'offrirent pour conduire et ra-
mener la petite Marie. Cette offre rassura la mère.
Mais, au retour, quand l'enfant voulut se mettre à
table, la violence du mal lui causa un évanouissement. Cet accident, toutefois, ne l'empêcha pas
de retourner en classe, dès le lendemain matin.

Au printemps de l'année qui suivit celle de

son arrivée en France, M. Bry fut chargé par MM. Comolet de Cette de les remplacer, comme gérant principal de leurs grandes opérations de pêcherie et de sécherie, à Saint-Pierre et Miquelon. Cette séparation, on le comprend, fut bien pénible au cœur de la petite Marie si vivement et si tendrement attachée à son père. Au mois de novembre, M. Bry revint à Granville, d'où il retourna au mois de mars suivant à Saint-Pierre; ce qu'il continua de faire, chaque année, jusqu'à sa mort.

De part et d'autre on se consolait de l'absence par l'échange fréquent d'une correspondance pleine de la plus affectueuse tendresse. Dans ses lettres, M. Bry exhorte sans cesse sa fille à bien travailler, à bien obéir, à ne pas faire de peine à sa mère : « J'aime à croire, ma petite Marie », lui écrivit-il un jour, « que tu ne t'es pas relâchée dans ton travail, que tu es sage. Suis les recommandations de ta bonne mère... Je compte sur toi, mignonne, et ai bon espoir de ne pas être trompé dans mes espérances. »

Lorsque les avis dictés par l'amour paternel ont produit leurs fruits, ils sont suivis des plus encourageantes félicitations : « Je vois par ta lettre que tu as appris à écrire ton français ; je suis content de toi. Continue de bien apprendre et je crois que je perdrai mon pari [1]. » Quatre mois

---

1. Il s'agit d'un nombre déterminé de prix, à la fin de l'année.

plus tard il écrivait encore : « J'ai lu avec plaisir ta bonne petite lettre. Je suis très content que tu me fasses perdre mon pari ; fais toujours de même et nous serons d'accord tous deux. Il est bon et agréable de recevoir des récompenses, le jour des prix. Quel bonheur alors d'entendre appeler son nom ! N'est-ce pas que cela vaut le peu de peine que l'on se donne ? Tu me dis que tu as chanté « *Les moissonneurs et les oiseaux* ». Tâche de ne pas les oublier ; car je serai bien content de les entendre chanter, et je pense que tu ne me le refuseras pas. Du reste, je payerai mon pari ce jour-là, et je suis certain que j'obtiendrai ma demande. »

De temps en temps, ces petites lettres de M. Bry renferment une pensée de foi. Mais, Foi et Patrie ne sont-elles pas intimement liées dans le cœur de tout bon Français ? Aussi, lisons-nous dans une de ses lettres, à l'occasion de la désastreuse guerre de 1870 : « Je vois avec plaisir que les jeunes filles de ton école ont bon cœur ; elles ont bien fait de donner l'argent des prix pour soigner les blessés. »

Au printemps de 1873, M. Bry quitta Granville pour la dernière fois pour se rendre à Saint-Pierre-Miquelon. Mme Bry et sa fille l'accompagnèrent jusqu'au navire. Les adieux furent plus émouvants que d'habitude, comme si un secret pressentiment leur eût fait connaître qu'ils ne se

reverraient plus sur la terre. « La petite Marie »
monta sur les remparts, pour voir plus longtemps
« le père chéri » qui les quittait. Elle continua à
lui faire des signes d'amitié tant qu'elle put être
aperçue de lui. Et elle ne descendit des hauteurs
que lorsque le navire, qui « emportait son trésor », comme elle disait, eut disparu à l'horizon.
Les jours suivants, son cœur inquiet et aimant
ne peut goûter ni joies ni repos tant que son
père est à la merci des flots de l'Océan. Mais,
dès qu'une dépêche annonçant son heureuse
arrivée parvient à Granville, la joie déborde de
son cœur et se traduit en termes naïfs et charmants. Ne pouvant citer toutes les lettres de l'enfant se rapportant à cette époque, nous devons
dire, cependant, que ces petites feuilles sont tout
embaumées du suave parfum de la plus exquise
piété et tendresse filiales. Pendant l'absence de
M. Bry, la petite Marie redouble d'ardeur pour
le travail. Les récompenses, les honneurs, les joies
n'ont de valeur pour elle qu'en tant qu'elles rendent son père heureux :

« J'ai passé dans la première division », lui écrit-
elle, « aussi, ai-je été bien contente, non pour
moi, mais pour toi, à qui cela fera plaisir... J'ai
eu la croix des devoirs et des leçons, j'ai été
la première en écriture, je n'ai pas de mauvaise
place en orthographe... Je travaille beaucoup ; car
voilà le temps des compositions, et nous combat-

tons ensemble, à qui aura le plus de prix. Moi, je ne veux pas me laisser dépasser par les autres ; ainsi tu vois que je n'ai pas le temps de m'amuser. Aussi, je profite de cet instant libre, pour causer avec toi. » — Dans une lettre subséquente, elle rend compte de la distribution des prix ; elle se réjouit des cinq prix et des cinq accessits qui vont rendre son père heureux. Puis elle ajoute : « J'ai chanté « *Le Moulin à paroles* », à la distribution ; il paraît que je l'ai bien chanté ; on l'a mis dans le journal, tu verras ce qu'il y a. »

Apprenant les nombreuses occupations de son père, elle brûle du désir de quitter la France pour aller l'aider : « Maman me dit que la besogne ne te manque pas, » écrit-elle en juin 1873, « je voudrais bien être auprès de toi, afin de pouvoir te donner un coup de main à ton travail. Quel bonheur, si cela arrivait bientôt ! Maman m'a dit que nous partirions peut-être cet été. »

Plusieurs des lettres de cette enfant de douze ans sont vraiment charmantes par leur naïve simplicité. Un jour, écrivant à son père, elle interrompit sa lettre ainsi : « Je sors, maman m'appelle pour aller porter le journal..... Me voici revenue, j'ai été à peine dix minutes ; car j'avais hâte de parler encore avec toi... Maman m'a dit qu'en l'honneur de tes deux lettres elle allait me régaler de gâteaux. »

Les termes tendres et affectueux viennent constamment sous sa plume. Dans presque toutes ses lettres, outre la finale ordinaire rendant si bien ses touchants sentiments de piété filiale, elle ajoutait le *Post scriptum* suivant : « Mille baisers à mon père chéri. » Celui-ci lui ayant écrit : « Je t'embrasse *un million de fois*, » elle répondit : « Je t'embrasse, ainsi que *mémé* [1] et tous ceux que mon cœur aime, *un billion de fois*. »

Cependant la séparation du « père chéri », que la pauvre enfant ne prévoyait pas devoir être définitive, éprouvait cruellement son cœur si tendrement aimant : « Père chéri, » lui écrit-elle à la date du 29 juin 1873, « les heures me paraissent des siècles. Quand donc viendra le jour mille fois béni, où tu arriveras, cher papa, et où je pourrai te voir, t'embrasser et te dire combien je t'aime ?» Cette lettre porte l'adresse suivante : « A mon petit père chéri. »

Dans l'intervalle, une douloureuse épreuve se préparait pour Mme Bry et sa fille. Depuis quelque temps déjà, M. Bry souffrait d'une maladie de cœur. Le mal, qui avait d'abord sourdement miné sa santé, hâta rapidement ses progrès, à la suite des cruelles émotions de la dernière traversée, où l'on faillit périr corps et biens ; six hommes déjà avaient été enlevés de dessus le pont par une lame irrésistible et ensevelis dans

1. Terme usité à Saint-Pierre pour grand'mère.

les flots. A l'arrivée de M. Bry à Saint-Pierre, ses amis s'aperçurent bien vite du déclin rapide de sa santé; ils l'engagèrent vivement à se soigner au plus tôt. Lui seul semblait encore douter de la gravité de son état. Essayant de dompter la maladie par l'énergie de sa volonté, il se livra à un surcroît de travail et de fatigues que réclamaient les circonstances. Mais bientôt, vaincu par le mal, il se vit forcé, à la fin de juillet 1873, d'entrer à l'hôpital militaire de Saint-Pierre. Il continua néanmoins, pendant quelque temps encore, à diriger les opérations de la maison, recevant et expédiant les correspondances.

A la nouvelle de la grave maladie de son gendre, Mᵐᵉ Carlang quitta en toute hâte Miquelon, pour se constituer sa garde-malade, de concert avec les bonnes religieuses de Saint-Joseph de Cluny, chargées de l'hôpital.

Cette triste nouvelle n'est pas plus tôt connue en France, qu'elle jette la plus vive alarme dans l'âme de Mᵐᵉ Bry et de sa fille. Nous citons en entier la lettre désolée que cette dernière écrivit tout aussitôt à son père malade.

Granville, le 24 août 1873.

« Cher papa,

« Nous avons reçu hier la lettre de grand'mère qui nous a fait bien de la peine en nous apprenant que tu es malade. Nous sommes bien heu-

2ᵉ

reuses que mémé soit avec toi et te soigne. Mais cela ne nous rassure pas, nous sommes bien inquiètes. Je voudrais faire avancer le paquebot plus vite, pour qu'il nous apporte, au plus tôt, des nouvelles plus rassurantes.

« Tu comprends, père chéri, que nous ne pouvons être tranquilles, tant que nous ne saurons pas que tu es guéri, quoique nous ayons su par une dépêche envoyée à M. Delacour que tu es mieux. Mais l'amour d'une fille pour son père ne peut être si facilement rassuré, lorsque ce père est malade. Tu souffres loin de ceux qui te sont chers, et le cœur de ton enfant saigne à cette pensée.

« Crois-le, cher petit père, je prie bien pour toi, afin que, dans quinze jours, une lettre annonçant ta guérison nous apporte le bonheur.

« Adieu à toi, mon bonheur et mon amour.

« Ta fille qui ne cesse un instant de penser à son père malade.

« Au revoir, je t'embrasse de tout cœur.

« Ta fille chérie,

« MARIE BRY. »

« *P. S.* — Dis à grand'mère que ne pouvant pas lui écrire, je l'embrasse bien des fois, et que je l'aime doublement depuis qu'elle est auprès de toi. »

Les désolantes appréhensions que révèle cette lettre, ne devaient malheureusement que trop

vite se réaliser. Le 6 septembre, comme tout espoir semblait perdu, on apporta le saint Viatique
à M. Bry et on lui administra l'Extrême-Onction.
Le lendemain, il expirait à l'âge de trente-trois
ans.

Une dépêche, adressée à des amis de France,
annonça à la petite Marie la perte immense
qu'elle venait de faire. La nouvelle désespérante
surprit la pauvre enfant à l'époque où, depuis
plus d'un mois, elle s'était constituée, nuit et
jour, la garde-malade de sa mère alors très gravement atteinte. Qu'on se figure la douleur, les
cruelles angoisses qui durent bouleverser le
cœur si sensible et si affectueux de cette enfant
de douze ans ! D'un côté, elle se sentait accablée,
ou plutôt brisée par ce coup de foudre ; d'un
autre côté, son âme était en proie aux plus vives
inquiétudes, aux craintes les plus fondées de
voir sa pauvre mère, son unique soutien sur la
terre, suivre de près dans la tombe « le père chéri »
qui venait d'être arraché si prématurément à sa
filiale tendresse. Que faire dans cette mortelle
anxiété ? Que devenir dans cette affreuse situation ? Annoncer la fatale nouvelle à sa mère,
c'était lui donner la mort. Mais, d'un autre côté,
comment renfermer dans son cœur une si poignante douleur ? comment empêcher ce pauvre
cœur d'éclater ? comment cacher son désespoir
et ses larmes ? comment, en un mot, ne pas se

trahir ? Problème bien difficile à résoudre et qui a été résolu par une enfant de douze ans. Oui, cette enfant si jeune, déjà véritable femme forte, sera à la hauteur d'une situation si critique. Elle verse en secret, dans le sein de Dieu, des larmes bien amères ; puis retournant auprès du lit de sa chère malade, elle s'efforce de montrer un visage sinon souriant, du moins exempt de tout signe extérieur de tristesse. Elle redouble d'attention pour lui prodiguer les soins les plus dévoués, les plus affectueux ; elle la soutient, l'encourage, la ranime. Parfois sa tendresse filiale lui arrache des paroles dont le ton naïf et touchant pénétrait jusqu'au vif le cœur de sa mère. « Oh ! je t'en prie, maman, guéris-toi. Que deviendrais-je sans toi ? Je t'assure, petite mère, je travaillerai, je t'aiderai, je ne te ferai jamais de peine. » Les prières, la foi, la confiance, le dévouement sublime de cette pieuse enfant touchèrent le cœur de Dieu.

Après trois mois de maladie, Mme Bry entrait en convalescence. Bientôt on la jugea assez forte pour supporter le terrible choc que l'annonce de la fatale nouvelle allait produire sur elle. Nous essayerions vainement de décrire le spectacle déchirant d'une épouse, d'une mère mêlant ses sanglots et ses larmes à ceux de son unique enfant. Cette dernière, cependant, sentait son cœur comme soulagé d'un poids énorme, depuis qu'il lui était devenu possible de pleurer à son aise, de pleurer avec sa mère et de s'entretenir avec elle d'un père tant regretté.

Cet événement douloureux exercera une influence profonde, caractéristique, sur tout le reste de la vie de la pauvre enfant. Elle auparavant si gaie, si enjouée, quoique d'un esprit déjà mûr, devient grave, sérieuse, réfléchie. Souvent désormais une teinte de mélancolie, un nuage de tristesse assombrira son frais visage. Elle portait au cœur une blessure profonde que le temps sera impuissant à cicatriser. Écoutons-la déversant dans le cœur de sa bonne grand'mère la poignante douleur qui opprimait le sien :

Granville, le 2 novembre 1873.

« Bonne mémé,

« Je devais t'écrire au dernier paquebot ; mais, comme maman te l'a dit, je me trouvais à Saint-Pair, à prier pour *celui* qui nous a été enlevé, le bon père que j'aimais tant, celui qui mettait tout son bonheur à nous rendre heureuses. Ah ! pourquoi la vie est-elle si dure ? Pourquoi ceux que l'on aime sont-ils enlevés à notre amour ? Mais Dieu le veut ainsi !

« Maintenant, je le sais et le comprends mieux que personne, c'est moi qui dois consoler celle qui me reste. Hélas ! c'est bien difficile de la consoler. Et comment en pourrait-il être autrement, quand on a perdu tout, son espérance, son bonheur, l'appui et le bonheur de son enfant ?

« Je te remercie de nous avoir envoyé le dernier souvenir qui me reste de mon père bien-aimé.

« En attendant de te lire, je t'embrasse de tout mon cœur, et un million de fois.

« Ta petite-fille qui t'aime tendrement,

« MARIE BRY. »

La pauvre enfant disait bien vrai, quand elle écrivait : « C'est moi qui dois consoler celle qui me reste. » Mme Bry fut pendant longtemps brisée et comme anéantie par le chagrin. Sa fille discontinua ses études pendant six mois, afin d'être constamment auprès de sa mère, et de remplir à son égard l'office d'ange consolateur.

CHAPITRE III

PREMIÈRE COMMUNION DE MARIE-ÉLISABETH. — VIE
INTELLECTUELLE, MORALE ET RELIGIEUSE AU PEN-
SIONNAT.

Pour ne pas interrompre le récit des rapports
à la fois si douloureux et si suaves de la petite
Marie avec son père, nous avons dû anticiper sur
les événements. Mais nous ne pouvons omettre
l'acte si important de sa première communion.
Les petites lettres qu'elle adressait à son père dès
l'âge de neuf à dix ans nous prouvent que son
âme soupirait avec ardeur, depuis longtemps,
après l'heureux jour où il lui serait enfin donné
de s'unir, pour la première fois, avec son Dieu.
Elle y fut soigneusement préparée par le vénérable aumônier du couvent, M. l'abbé Leroux.
Ce digne prêtre jouissait, dès cette époque, de
l'estime et de l'affection des habitants de Granville. Il voulut bien, après la mort de « la bien
chère petite Marie Bry », comme il la nomme,

nous adresser, entre autres détails précieux, ces paroles qui en font le plus bel éloge : « La première communion de Marie se fit avec toutes les meilleures dispositions. » La révérende Mère Roche, ancienne maîtresse du couvent de Granville, nous écrivant un peu plus tard, ajoute le détail suivant : « Je me souviens que le jour de la première communion de Marie, alors que sa blanche toilette seyait si bien à sa douce physionomie, elle ressemblait, a-t-on dit, à un ange dans un corps mortel. » Ce beau jour était le 26 mai 1872.

La manière dont Mlle Bry s'occupera plus tard de la première communion de ses cousins et cousines, les paroles frappantes qu'elle écrira sur des images offertes par elle en ces occasions, nous montrent toute l'importance qu'elle attachait à ce grand acte religieux, et l'heureuse impression qu'elle en conservait.

Les études que la petite Marie avait interrompues, après la mort de son père, furent reprises après Pâques, en 1874. Jusque-là ses progrès avaient été assez ordinaires ; ses études s'étaient ressenties du retard et des longues interruptions qu'elles avaient subis. Mais, à partir de cette époque, une application plus soutenue encore développa rapidement ses heureuses facultés. Elle apportait dans tout ce qu'elle faisait un goût, une attention, un soin, un ordre, une netteté et une propreté remarquables. Nous avons parcouru la plupart de ses cahiers de classe, nous les avons montrés à des personnes qui ont un long usage de l'enseignement, et le sentiment unanime a été celui-ci : « Nous n'avons jamais rien vu d'aussi soigné, d'aussi bien tenu. » Heureuses, ajouterons-nous, les maîtresses qui comptent de telles élèves ! Un travail, entre autres, a été admiré ; c'est un atlas in-folio fait de sa main, et contenant une vingtaine de cartes qui font connaître la France sous ses différents aspects géographiques. Ces cartes sont faites avec beaucoup de précision et d'exactitude : chacune d'elles est coloriée et ornée d'un encadrement riche et soigné. Tout l'ensemble est comme un chef-d'œuvre de goût, d'habileté et de patience.

Voici le règlement que suivait habituellement notre studieuse élève. Chaque matin, elle assistait à la messe de six heures, soit au couvent, soit à la paroisse. Les études et les classes occupaient tout le reste du temps jusqu'à midi. Elle rentrait alors à sa demeure pour prendre son repas avec « sa petite-mère. » Puis, par d'affectueuses paroles, par de douces caresses, elle s'efforçait d'encourager et de consoler cette pauvre mère sans cesse affligée. A une heure, elle repartait pour le couvent et ne revenait qu'à sept heures du soir, et, après un léger souper, elle continuait à travailler assez souvent jusqu'à onze heures.

Une des études que la petite Marie affectionnaît tout particulièrement fut celle de sa religion. Toute jeune, elle semblait comprendre la haute importance de cette science, dont les heureux effets sont, non des fruits passagers et périssables, mais des fruits de vie et d'immortalité. Bien pénétrées de l'importance de l'enseignement religieux, les Dames de Saint-Thomas de Villeneuve confièrent au docte et pieux aumônier du couvent le soin principal d'instruire leurs élèves dans la science de notre sainte religion. « La petite Marie » se distinguait au premier rang parmi ses compagnes, et, à la fin de l'année scolaire, elle remportait, aux applaudissements de tous, le prix d'instruction religieuse offert par l'aumônier. Plus d'une fois, dans la suite, on a eu l'occasion de remarquer en Mlle Bry les heureux résultats d'une connaissance approfondie de la religion. C'est, en grande partie, à son avancement dans cette science divine, qu'elle était redevable de là foi si vive et si solide qui a constamment éclairé et dirigé ses pas, qui a affermi son âme contre les séductions du monde, et consolé son cœur sans cesse visité par les épreuves.

Le peu d'importance que, trop souvent, les parents et les élèves attachent à l'instruction religieuse, est, à notre avis, une des grandes causes de l'affaiblissement de la foi et des tristes défaillances de beaucoup de chrétiens. La foi ne pouvant, sans une sérieuse instruction religieuse, jeter de profondes racines, est bientôt, sinon arrachée complètement, du moins fortement ébranlée par le vent de l'indifférentisme, qui souffle aujourd'hui par le monde entier.

Un travail assidu et opiniâtre pour se perfectionner dans les sciences divines et humaines, joint à d'heureuses dispositions naturelles, devaient assurer à Mlle Bry de brillants succès, le jour des récompenses de fin d'année. Son cœur palpitait alors d'une joie bien légitime. Écoutons-la s'en ouvrir à une de ses cousines alors à Miquelon : « Tu me dis que les prix sont la fête des enfants : eh bien, ma chère, figure-toi qu'ici c'est la fête des jeunes filles ; et je t'assure que c'est une grande joie pour elles de recevoir la récompense de toute une année de travail. Pour ma part, j'ai eu huit prix, et j'en suis bien heureuse. » (Lettre du 18 septembre 1876.)

L'année suivante, elle remporta le prix d'honneur avec une couronne spéciale. Ce qui dilata surtout son cœur, ce fut la pensée que ses succès rendraient sa « petite mère » bien heureuse : « Chère Maman », écrivit-elle à sa mère alors à Saint-Pierre, « la distribution des prix est privée cette année ; toute la fête consistera en un salut très solennel auquel Anna [1] assistera, ne pouvant assister à mes succès. Je garderai religieusement

---

1. Une amie de Mlle Bry.

ma couronne, mère chérie, cette couronne qui me cause tant de joie, parce qu'elle te rend toi-même si joyeuse. Oui, je la garderai, pour que tu poses sur la tête de ta fille cette récompense de tant de travail et de peines. » (Lettre du 6 août 1877.)

Mais la science seule enfle et dessèche le cœur. Pendant que l'esprit de Mlle Bry s'adonnait avec une grande application à l'étude, son cœur, se laissant pénétrer des douces et salutaires influences de la grâce, se formait à la piété. De ce double travail pour acquérir la science et la piété résultait une œuvre parfaite : une éducation solidement chrétienne. Nous avons trouvé, dans les cahiers de notre studieuse élève, la preuve que des pensées de foi l'animaient habituellement pendant ses études : au haut de presque chaque page, nous lisons les initiales des saints noms de Jésus, de Marie et de Joseph, et parfois des invocations comme les suivantes : « Saint Joseph, protégez-moi »; « Esprit-Saint, inspirez-moi. »

Les efforts de « la petite Marie », pour se former le cœur en même temps que l'esprit, étaient secondés par de saintes maîtresses. Ces dernières donnaient assez souvent à traiter des sujets religieux, particulièrement dans les devoirs de style, et faisaient ainsi marcher ensemble la science et la piété. Elles étaient évidemment bien pénétrées du sens, sinon de la lettre de ces belles paroles d'un auteur déjà cité [1], lesquelles méritent d'être rappelées, aujourd'hui surtout : « L'éducation doit répondre à la double destinée d'un enfant, et le préparer pour deux existences successives. Il y a en lui un esprit immortel, qui ne fait que traverser le monde, il y a une faible créature qui y vient souffrir et mourir. L'éducation doit donc lui présenter la vie comme un voyage, et chaque période comme un pas de plus vers la bienheureuse immortalité. »

Pour montrer comment Mlle Bry sut apprécier cet excellent genre d'éducation, et quel profit elle sut en retirer, citons les lignes suivantes que nous lisons dans une de ses lettres : « Le rôle d'une jeune fille ne consiste pas à devenir une savante ; mais une femme forte, qui avance dans le chemin de la vertu. L'instruction par elle-même est bien peu de chose comparée à l'éducation. La femme doit avoir des vertus cachées ; sa maison doit être pour elle un sanctuaire, où s'exhalent les parfums dont son âme doit être remplie. » (3 novembre 1875.)

Un moyen spécial employé par les religieuses de Saint-Thomas de Villeneuve, pour développer la piété de leurs élèves, consistait en de fréquentes retraites, prêchées par des prêtres au cœur d'apôtre, si nombreux dans le religieux diocèse de

---

1. Voir chapitre premier.

Coutances. Ces retraites ont toujours produit de fortes et salutaires impressions sur le cœur naturellement simple, droit et généreux de « la petite Marie. » Elle en parle fréquemment dans ses lettres. Dès l'âge de neuf ans, elle fait connaître à son père les heureux effets produits sur elle par ces saints exercices. Un peu plus tard elle écrira au même : « Nous avons eu quatre jours de retraite, puis toutes les élèves ont communié. Cela était bien beau. » — Elle conservait précieusement, dans ses livres de prières, les souvenirs offerts en ces occasions par les différents prédicateurs [1].

La dévotion au Cœur sacré de Jésus, si chère au cœur aimant de cette pieuse enfant, était en honneur au couvent de Granville. L'œuvre de la communion réparatrice y florissait, et répandait sur les élèves de cette religieuse maison les bénédictions toutes spéciales promises par le Sauveur à sa fidèle servante, la bienheureuse Marguerite-Marie. « La petite Marie » a dû être enrôlée dans cette sainte ligue, tout aussitôt après sa première communion. On a retrouvé le billet mensuel fixant au 2 février 1873 son jour de communion réparatrice.

A l'âge de quinze ans, au mois de juin 1876, Mlle Bry reçut, après une retraite préparatoire, le sacrement de confirmation des mains de Mgr Ger-

---

1. Voir au chapitre V^e d'autres détails qui nous ont été fournis trop tard pour trouver leur place ici.

main, l'éloquent évêque de Coutances. « Je ne te dis pas », écrit-elle, après cela, à sa grand'mère, « que j'ai reçu les sept dons et les douze fruits de l'Esprit-Saint, c'est-à-dire que j'ai été confirmée, il y a à peu près quinze jours. Mais que t'en dirai-je? que ce fut une touchante cérémonie, tu le sais. Elle aurait été encore bien plus touchante, si j'avais été dans ma terre natale. »

Les belles processions de la Fête-Dieu à Granville parlaient vivement à l'imagination et au cœur de la jeune élève. Néanmoins, dans toutes ces fêtes, la joie est tempérée et comme recouverte d'un voile de tristesse par le souvenir de son père, si tôt enlevé à sa filiale tendresse, et par l'absence de ses chers parents de Miquelon. Voici comment elle communique ses impressions, à sa grand'mère et à ses cousines, à la date du 25 juin 1876 :

« Chère grand'mère, c'est aujourd'hui la Fête-Dieu ; la procession va avoir lieu tout à l'heure. Je commence par te dire que je vais porter la bannière du pensionnat de Saint Thomas de Villeneuve, avec deux de mes compagnes ; nous allons être en communiantes.....

« Il me semble voir aujourd'hui Miquelon, se revêtant de fleurs et de charmants reposoirs dont les ornements scintillent au soleil ; il me semble te voir aussi très affairée, arrangeant une chapelle, et puis, pensant à ta petite-fille. Je vois aussi mes cousines gentilles à croquer dans leurs jolies robes blanches, et se disputant pour embrasser mémé. Tu vois, le tableau n'est pas laid ; il est peut-être assez fidèle. Du reste, j'arrange tout à mon goût, dans ma folle tête de quinze ans ; mais il paraît que c'est l'âge des illusions ; tant pis, je n'aime pas les illusions ; c'est si ennuyeux, quand on est jeune, d'avoir des illusions. »

Puis, dans la même lettre, s'adressant à ses cousines, elle ajoute :

« Savez-vous, chères cousines, que c'est bien dur d'avoir le cœur partagé ? d'en avoir une moitié enterrée avec lui, mon bien-aimé père, et d'avoir l'autre moitié flottant entre Granville et Miquelon. Oh oui ! vous êtes bien heureuses, vous qui êtes toujours restées au lieu de votre naissance, qui avez toujours aimé les mêmes lieux, les mêmes personnes ! Mais, chères sœurs, que dis-je ? Je me plains au moment où je devrais espérer le plus. Tenez, je suis une ingrate ; mais aimez-moi, et je ne me plaindrai plus.

« Décidément j'ai des idées noires aujourd'hui, et cela ne convient pas à la belle fête qui se prépare. Si vous entendiez, comme moi, le murmure croissant de la foule qui descend de la messe, si vous voyiez aujourd'hui Granville, dans tous ses détails, vous le trouveriez beau ..... »

Le chapitre que nous terminons nous montre

déjà, en partie, les heureux résultats d'une éducation foncièrement chrétienne ; mais les pages
suivantes nous feront voir, dans un jour plus
éclatant encore, la supériorité de l'éducation vraiment religieuse, lorsqu'on se trouve en présence
d'âmes nobles et élevées, comme celle dont nous
retraçons brièvement la vie. Nous y trouvons en
particulier une preuve bien évidente que la
religion, loin de détruire les sentiments légi-
times de la nature, les élève et les ennoblit ;
loin de dessécher et d'appauvrir le cœur d'un
enfant, elle y fait jaillir des sources plus pures
et plus abondantes de douces affections, et l'en-
richit de nouveaux trésors de tendresse filiale.

CHAPITRE IV

ESPRIT DE FAMILLE DANS MADEMOISELLE BRY.
AMOUR DES SIENS. — VIE DU CŒUR.

L'esprit de famille et l'amour véritable des siens est comme une conséquence de l'esprit de foi et de charité. De nos jours, les liens de la famille tendent de plus en plus à se relâcher, parce que l'indifférence religieuse, comme un vent brûlant, dessèche les nobles sentiments, les pures affections qui font le bonheur des maisons, et, trop souvent, ne laisse au fond des cœurs que le *mien* et le *tien*, un honteux égoïsme. Là où souffle ce vent néfaste, nous voyons les désunions, les querelles, les inimitiés entre des cœurs naturellement faits pour s'aimer, se déchaîner sur un grand nombre de familles, comme des tempêtes fécondes en désastres.

Nous connaissons déjà, en partie, l'esprit de foi et de religion de « la petite Marie », et son sincère amour pour Dieu; on ne sera donc pas surpris de voir l'esprit de famille et l'amour des siens s'épanouir à l'aise dans son cœur.

Ce cœur était une source intarissable des plus douces, des plus tendres et des plus fortes affections pour les membres de sa famille. La vie du cœur en elle, comme il est facile de s'en convaincre, est d'une richesse, d'une exubérance rare. Rien ne peut mieux nous faire connaître le courant intime d'une âme que les pensées et les sentiments qu'en toute simplicité elle confie, jour par jour, au papier. Or, on peut affirmer que, dans les lettres de Mlle Bry, chaque ligne, en quelque sorte, est toute vibrante de l'amour de la famille.

Dès l'âge de neuf ans, la petite-fille adressant ses souhaits de bonne année à sa « chère grand' maman », lui écrit : « Je regrette de ne pouvoir t'embrasser dimanche prochain, mais sois sûre, bonne mémé, que, ce jour-là, je serai avec toi de tout cœur. » (Décembre 1870.)

L'année suivante, son cœur compatissant à un deuil de famille lui dicte les lignes suivantes : « Chère grand'maman, j'ai appris avec beaucoup de peine la mort de mon cousin. Console bien ma tante; dis-lui que sa petite nièce regrette de ne pas être auprès de vous pour vous consoler tous... Je pense qu'Angèle va faire sa première communion. Oh! que ne suis-je là! toutes deux nous partagerions notre joie, en même temps que la tristesse de nos bons parents. » (27 novembre 1871.)

De temps en temps, sa naïve tendresse pour sa grand'mère et pour ses cousines revêt les formes les plus spirituelles et les plus aimables : « Ma petite Angèle m'a promis une longue lettre ; qu'elle tienne sa promesse, autrement je la gronderai fort, ainsi que Mlle Émilie qui n'a pas encore écrit. Tâchez, mesdemoiselles, d'écrire la prochaine fois ; car il est bien certain que, si vous ne le faites pas, vous aurez pour pénitence, quand j'irai vous voir, une bonne douzaine de baisers et le treizième par-dessus le marché ; et ma bonne femme de grand'mère en aura vingt, parce que, étant la plus grande, elle sera la plus punie. Ainsi, avis à qui aura peur de la punition. Mes tantes et mon oncle, ainsi que mes cousins et mes autres cousines, ne seront pas épargnés ; je ne ferai grâce à personne. Ma bonne petite grand'mère est bien capable de ne pas m'écrire tout exprès pour être punie ; mais qu'elle fasse bien attention, ma petite vieille bonne femme, que si elle ne m'écrit pas, elle ne sera punie qu'une fois, et que si elle m'écrit, elle le sera cent fois, et ainsi de tout le monde. » (Lettre sans date de 1874.)

« Je voudrais, bien chère mémé, que vous soyez auprès de moi. Ah ! mon Dieu, quels baisers après une si longue absence ! Le matin, ce serait moi qui vous apporterais votre déjeuner au lit. Hélas! pourquoi se laisser aller à une vaine joie? Enfin, ce que j'écris arrivera peut-être. Mes jambes, qui ont allongé, pourront trotter avec la bonne femme. Bonne mémé, je suis avec toi; je suis avec vous tous, mes chers parents, mes chers amis. Oui, je suis avec vous par le cœur, et à chaque moment de la journée je pense à vous. »

P.-S. « Dis à mes chères paresseuses qu'elles sont bien cruelles. » (Août 1874.)

Son bonheur est de recevoir des nouvelles de sa « *mémé* chérie ». La joie qu'elle en ressent excite parfois dans cette enfant de quatorze ans comme un enthousiasme lyrique :

« Bonne mémé, ta lettre m'a fait sauter de joie. C'est toujours un si grand bonheur pour nous de vous lire!... Une lettre, c'est si doux lorsqu'on est loin des personnes chéries, surtout d'une petite mère bien-aimée comme la mémé à moi! Ne trouves-tu pas comme moi, chère, bien chère, que l'écriture est une invention inappréciable? Ces petits chiffons de papier qui portent la joie, le bonheur, les larmes ou la douleur, on les aime bien; car, par leur secours, on vit en quelque sorte avec les chers absents. O petites lettres, que je vous aime! avec quelle joie je brise votre fragile enveloppe! » (19 septembre 1875.)

Au risque de fatiguer le lecteur, nous citons d'autres lignes, où la naïve et aimable simplicité de l'enfance s'unit à la plus touchante tendresse filiale. Dans l'impuissance d'exprimer toute la vivacité de ses sentiments affectueux pour sa bonne grand'mère, Marie-Élisabeth appellera à son secours les figures les plus hardies de la rhétorique :

« Chère grand'mère, j'ai bien pensé à toi et à toute ma chère famille de là-bas, pendant la messe de minuit, à laquelle j'ai assisté. Je me suis dit qu'à Miquelon on y a été peut-être aussi ; que les petits enfants ont sans doute mis leurs souliers dans la cheminée, pour que le petit Jésus vînt y déposer des bonbons. Si j'avais été là, j'aurais mis mon soulier, et le gros Jésus (qui s'appelle mémé) y aurait peut-être mis du doux-doux (?) pour le gros bébé (qui s'appelle Marie)... Les vœux que je forme pour toi sont des vœux de bonheur et de joie. Oui, que cette année soit pour toi une bonne, bien bonne année! Oh! si elle voyait se lever le jour qui nous réunira, quelle heureuse et chère année ce serait pour moi! Il faut espérer, bonne mère, qu'un beau jour je sauterai dans tes bras, je me jetterai à ton cou, je t'embrasserai, je te mangerai... oui, je te mangerai radicalement les joues jusqu'aux os.....

« Si cette lettre te porte mes vœux de bonne année, elle les portera aussi à toute la famille. Pour eux je voudrais que cette année fût bonne en pêche, que la maladie ne vînt pas visiter votre toit, que les enfants grandissent en taille, en sagesse, en beauté... Comme étrennes, je te prie d'embrasser pour moi mon oncle, mes tantes, mon parrain et ma marraine, mes cousines, mes chères Émilie et Angèle à qui j'aurais voulu écrire; Aglaé à qui je souhaite de grandir; Ernestine qui est bien heureuse d'être avec la bonne vieille; la charmante Marie-Louise, le malin Étienne, la petite Louise qui va devenir sage; l'espiègle d'Alfred, et la petite mignonne de Marie que j'embrasse deux fois pour sa peine d'être si gentille. Je vais prier pour vous tous. » (27 décembre 1875.)

Rien de banal dans ses souhaits de bonne année, que nous trouvons toujours imprégnés d'une pensée de foi. Voici comment, à pareille occasion, elle s'exprimera l'année suivante :

« ..... A propos, chère vieille mémé, voilà une nouvelle année qui commence. Que nous réserve-t-elle? Je n'en sais rien ; mais ce que je sais, c'est que je demande au bon Dieu qu'il nous envoie, pendant le cours de cette année, de bien grandes joies, surtout pour toi, chère petite bonne maman. Les années qui viennent de s'écouler ont renfermé de grandes peines ; pourquoi donc la joie que 1877 nous réserve ne viendrait-elle pas dissiper notre tristesse ? Ce sont des rêves de seize ans, mais enfin, des rêves qui pourraient bien se réaliser.

« J'ai dit de seize ans ; oui, bien-aimée grand'

mère, il y a eu seize ans hier que le ciel t'envoyait une mauvaise petite-fille, à peine grosse comme une poupée ; maintenant elle est si grande et si forte qu'à peine tu la reconnaîtras, quand tu la verras. Eh bien, ta petite Marie devenue grande reconnaîtrait encore sa bonne grand'maman. D'ailleurs, nous verrons bien, dans quelques années, laquelle de nous deux se jettera la première dans les bras de l'autre. » (8 janvier 1877.)

Toute jeune, nous l'avons vu déjà, elle partageait les peines et les joies des siens ; devenue plus âgée, son cœur compatissant prend une part plus vive encore aux épreuves qui viennent affliger la famille ; en même temps les sentiments les plus nobles, les plus généreux et surtout les plus chrétiens animent son cœur, comme il est facile de s'en convaincre par les lignes suivantes qu'elle écrivit à l'âge de quinze ans :

« Chère grand'mère, ta lettre m'a fait de la peine en m'apprenant tous les malheurs qui viennent fondre sur vous. Je me consume dans mon impuissance à vous être utile, et je me dis : « Si seulement j'étais près d'eux ! » Que ferais-je ? je serais peut-être aussi impuissante qu'ici ; mais au moins, je partagerais le fardeau de vos souffrances. Mais, que dis-je ? Est-ce que je ne les partage pas de loin, ces souffrances et ces malheurs ? Oh oui ! soyez-en sûrs, vous tous que j'aime plus que moi-même.....

« Je finis, chère mère, en te répétant : « Espérance et pardon ! » Oui, pardonne à tous ces ennemis qui vous font, qui me font à moi-même tant de mal ; et en retour, reçois l'amitié vraie et sincère de ta fille qui t'aime tendrement, et t'envoie un million de baisers que je charge mes cousines de te donner pour moi. » (6 avril 1876.)

Nous avons déjà vu que cet amour de Marie-Élisabeth pour la famille s'étendait à ses cousines qu'elle se plaît à appeler ses *sœurs*, l'une sa *sœur aînée*, l'autre sa *sœur jumelle*. Encore toute jeune, elle entretient une correspondance vraiment charmante avec « ses chères sœurs. » Lorsque celles-ci mettent du retard ou de la négligence à lui répondre, au courrier suivant, les plus aimables reproches viennent les stimuler. Voici ce qu'elle leur écrivit à l'âge de treize ans :

« Chères petites paresseuses, comment vous pardonner ? Vraiment je n'en sais rien. J'ai usé envers vous tant de fois d'indulgence que, définitivement, vous vous fiez à cette indulgence. Mais faites bien attention que c'est la dernière fois que je vous pardonne. Dépêchez-vous, dépêchez-vous de m'écrire, autrement vous me fâcheriez tout rouge. Au prochain paquebot, ce n'est pas une lettre que je veux, c'est deux ; je ne ris pas, c'est sérieux. Allons, mesdemoiselles les paresseuses, secouez votre torpeur, et vivement mettez la main à la plume.

« Enfin, pour aujourd'hui, je vous embrasse, mais la prochaine fois, je ne le ferai pas. » (9 août 1874.)

La lettre suivante, ce nous semble, est, en son genre, un vrai modèle de style épistolaire, où le cœur guide la plume :

« Je veux seulement vous dire deux mots, mes chères petites paresseuses, pour accomplir ma promesse : douce promesse, puisqu'elle consiste à vous écrire. Je ne sais rien de neuf si ce n'est que je vous aime bien. Mais c'est vieux cela, et je suis sûre que vous en êtes persuadées. Cependant un proverbe dit que les bonnes choses se répètent, et comme c'est une bonne chose, je vous dis : « J'aime ma petite Angèle et ma grande « Émilie comme deux sœurs bien chères. » Je n'ai pas le temps de vous écrire longuement, mais je vous embrasse bien dur, et à pincette, sur les deux joues. Maintenant que vous voilà embrassées, je vous charge d'embrasser tout le monde pour moi, et surtout mémé, vous priant de me remplacer auprès d'elle. »

De temps à autre « la petite Marie » transcrivait de sa main des poésies pieuses, comme : « *La petite fleur du divin Prisonnier* » ; « *Dialogue entre l'âme et le chérubin* » ; « *Madeleine ou le martyre de l'amour pénitent* », etc., et les adressait à ses cousines pour édifier leur piété...

Nous verrons plus tard, en parlant de son

esprit de foi, dans quel sens élevé et surnaturel elle aimait ses parents. Ce n'était donc pas une affection purement humaine, qui a ses racines dans le moi, qu'elle déversait sur eux. La grâce surnaturalisait en Mlle Bry cet amour intense de la famille ; sous sa douce influence, ce n'était plus elle-même, c'était Dieu, la souveraine Beauté et Bonté qu'elle aimait dans ses parents.

CHAPITRE V

Cependant « la petite Marie devenue grande »
avait atteint l'âge de seize ans. Il était temps de
songer à ce qu'elle allait devenir au sortir du
couvent. Les revenus du restant de son patri-
moine n'étaient pas suffisants pour la faire vivre
elle et sa mère. Mme Bry, sur les conseils d'une
amie, se décida à retourner à Saint-Pierre-Miquelon, pour y demander au commerce, en même
temps que des ressources suffisantes pour une
honnête subsistance, une occupation honorable
pour sa fille. Par prudence néanmoins, ignorant
ce que l'avenir lui réservait à elle et à son enfant,
elle avait décidé, depuis quelque temps, que cette
dernière passerait ses examens pour l'obtention

du brevet de capacité. L'époque fixée pour
ces examens ne permit point à la fille d'accompagner sa mère. La perspective d'une assez longue séparation de sa « petite mère », — c'est le
nom gracieux que sa filiale tendresse emploiera
désormais de préférence, — attristait d'avance le
cœur de cette enfant si inséparablement attachée
à celle qui lui donna le jour. Mais elle mit de
côté le chagrin d'une prochaine séparation, pour
songer seulement à la joie que le cœur de sa
grand'mère allait éprouver, en revoyant une fille
dont elle était séparée depuis plus de huit ans.
Admirons surtout le tact parfait, les ménage-
ments prudents avec lesquels la petite-fille apprenait à sa grand'mère une nouvelle, dont l'annonce
subite aurait pu avoir des effets fâcheux :

Granville, le 18 février 1877.

« Bonne maman,

« Combien la lettre de ma tante m'a fait plaisir !
mais combien la mienne va te causer de joie
aussi ! Cependant, je vais te laisser un peu chercher et parler d'autre chose... D'après ta lettre,
je vois, chère grand'mère, que tu es sur le point
de te placer femme de confiance, chez Mme X...
Tu y serais très bien, j'en suis sûre ; mais je t'en
prie, remercie cette dame ; nous t'avons trouvé
une place beaucoup plus avantageuse, chez une

personne qui va se rendre à Saint-Pierre, et chez
laquelle tu seras tout à fait chez toi, ce qui nous
plaira davantage ; car, à ton âge, il est temps, je
crois, de te reposer.

« Maintenant revenons à ce que je t'ai annoncé au commencement de cette lettre. C'est
de la joie ! Toutes les douleurs, tous les chagrins
s'étaient appesantis sur toi ; et voilà que j'aper-
çois, dans le lointain avenir, des jours heureux
pour tes cheveux blancs. Mais je n'ose te dire le
bonheur qui t'attend. La joie, dit-on, fait plus
de mal que la douleur ; et si j'allais te faire du
mal ? Mais non, Dieu, qui a exaucé tes prières, ne
le permettrait pas. Mais pourquoi tant te faire
attendre ? Ne l'as-tu pas devinée, cette joyeuse
nouvelle ? Eh bien ! oui, c'est cela, dans deux
mois tu reverras, ô bonheur !..... ta fille bien-
aimée ; et dans un an, dans une année qui va
passer comme un éclair, tu reverras ta petite-
fille, ta Mariette qui t'apportera, avec son amitié
et ses caresses, la joie et la gaîté.

« N'avais-je pas raison de te dire que nous
t'avons trouvé une bonne place ? Ne faut-il pas,
pendant cette année surtout que je ne serai pas
là, que tu soignes, que tu dorlotes maman ? Oh !
je me fie à toi pour cela ; aussi, serai-je bien tranquille dans ma pension. Cependant, je te l'avoue
tout bas, je ne puis m'habituer à l'idée d'être
séparée, pendant un an, de ma *petite mère ;* mais

enfin, puisque la nécessité le veut, il faut bien que je sois raisonnable.

« Je te charge de mille baisers pour tout le monde, surtout pour mes petites sœurs de là-bas, que je charge, à leur tour, de t'embrasser en attendant que je puisse le faire moi-même.

« Ta petite-fille,

« MARIE BRY. »

Sur ces entrefaites, Mme Bry partit pour Paris, dans l'intention de compléter ses préparatifs de voyage. C'était le commencement et comme le prélude de la pénible épreuve de sa fille.

« Chère mère », écrit-elle le 26 février 1877, « je t'avais promis de ne t'écrire que mardi, mais, aujourd'hui samedi, je ne puis attendre plus longtemps. Il me semble qu'en t'écrivant je vais conjurer l'ennui qui commence à me gagner (je le dis tout bas). Je ne t'ai plus là pour me gâter, quoique je ne le sois pas mal chez ma cousine. On consulte tous mes goûts ; mais quand on me donnerait tous les trésors de la terre, si je ne t'avais, je mourrais d'ennui.

« Que fais-tu, dans ce moment, chère maman ? Je voudrais bien le savoir. Si nous étions encore au temps des fées, mais hélas !... Je n'ai pas été en classe cette après-midi, à cause d'un importun mal de tête ; mais ne t'en inquiète pas, il est bientôt passé. Je suis sûre que c'est parce que je t'écris ; cela me fait tant de bien de te dire que je t'aime, que je pense à toi toutes les secondes de la journée. D'un autre côté, je sais qu'une bonne partie de tes pensées sont pour ta fille ; aussi, je n'ai pas peur que ce grand Paris te possède longtemps.

« Au revoir, je t'embrasse ; j'ai bien envie de le faire pour tout de bon ; car, réellement, j'ai peur d'en perdre l'habitude Adieu, ma petite mère.

« Ta fille chérie,

« MARIE. »

Mais bientôt, il fallut se résoudre à une séparation plus prolongée. Mme Bry, de retour de Paris, se hâta de faire les derniers préparatifs et s'embarqua à Granville pour se rendre à Saint-Pierre. Le capitaine, témoin des cruelles émotions de la jeune Marie, au moment surtout où le navire allait lever l'ancre, dit à sa mère : « Mais, Madame, il n'est pas possible de laisser votre fille derrière vous ; elle vous fend le cœur. » Mais, laissons à cette enfant désolée le soin de nous apprendre elle-même les impressions et les émotions douloureuses causées par cette pénible séparation. Nul ne saurait le faire à sa place.

Granville, le 1er avril 1877.

« Bien-aimée mère,

« Quels tristes jours viennent de s'écouler, et quels tristes jours s'écouleront encore jusqu'à

4

ton retour ! On s'habitue à tout, dit-on ; faux proverbe ; il y a une chose à laquelle l'homme ne s'habitue jamais, c'est à l'absence d'un être tendrement aimé, et sur lequel se sont concentrées toutes les affections de son âme. Oh ! non, chère mère, jamais je ne pourrai envisager de sang-froid, et sans que mon cœur déborde de tristesse, cette idée que tu es loin de moi, à la merci des flots orageux, et que, pendant un an, il me faudra supporter cette séparation. Que ta fille est peu raisonnable, mère chérie ! elle devrait te consoler, et elle augmente ta peine ; mais ne va pas croire qu'elle n'est pas résignée, puisqu'elle a l'espérance que tu seras bientôt arrivée, et qu'alors tu seras heureuse au milieu de notre famille. Il est impossible non seulement que tu aies du mauvais temps, mais encore que tu mettes longtemps pour arriver ; car nous prions tant que le bon Dieu ne nous refusera certainement pas notre demande. Le samedi après ton départ on a dit une messe pour toi, et hier, beau jour de Pâques, on en a dit une autre..... Tout le monde s'ennuie de ton absence ; mais il n'y a qu'une seule personne qui sente combien tu lui es nécessaire, et celle-là, c'est moi... Je travaille mieux et de toutes mes forces, pour faire plaisir à petite mère... Les premiers jours de la pension ont été bien durs pour moi ; je faisais la comparaison du dortoir avec ma petite chambre et mon lit que maman m'arrangeait si bien ; cependant on est aux petits soins pour moi ; je serais très bien, si tu étais ici ; mais toi partie, où serais-je heureuse? »

Puis, s'occupant de commissions, elle écrit : « chez nous. » « *Chez nous...*, il me semble déjà y être, dans une petite chambre que mes deux mamans m'arrangeront, au milieu de notre famille. O mère ! je ne sais pourquoi, mais j'ai l'espérance qu'après les mauvais jours, qu'après l'absence, il y aura pour nous des jours de bonheur ! Aussi, je vais tâcher d'acquérir non seulement la science, mais l'éducation, cette science du cœur qui fait le bonheur des maisons, et certes, tu ne pouvais mieux me placer, sous ce rapport, qu'auprès de notre bonne Mère Chaumont...

« Grand'mère doit être en ce moment sur les épines ; peut-être m'attend-elle, pauvre mémé ! embrasse-la bien des fois pour sa petite-fille, et dis-lui que je compte sur elle pour te dorloter ; car tu dois en avoir besoin, après une pareille traversée. Du reste, je me confie à grand'maman sous le rapport des tisanes et du bouillon. Pour moi, je n'aurai pas besoin de médicaments ; mais tu peux lui dire que j'attends tout de ses petits gâteaux et autres friandises qu'il serait trop long d'énumérer. Si elle a oublié de les faire, qu'elle rapprenne bien vite ; j'en suis sevrée depuis huit ans, cependant je n'en ai pas perdu le goût...

« Au revoir donc, mère chérie ; te dire que je t'aime, que je t'embrasse mille et une fois, c'est trop peu pour exprimer ma tendresse.

« Ta fille qui t'aima, t'aime et t'aimera toujours.

« MARIE. »

Quinze jours [1] plus tard, n'ayant pas encore appris l'heureuse arrivée de sa « petite mère », elle écrit de nouveau :

« Chère maman, voilà aujourd'hui vingt-sept jours que tu es partie de Granville. Que le temps est long ! je m'ennuie de ne pas recevoir de nouvelles ; je m'impatiente peut-être trop. Je suis sur le qui-vive, il me semble qu'à chaque instant on va m'apporter la bonne nouvelle. Oh ! si c'était aujourd'hui, quel bonheur ! quelle joie ! Je supporterai mieux ton absence, quand je saurai que tu es arrivée là-bas en bonne santé..... Je prie tant que, si le bon Dieu se fatiguait d'entendre et d'écouter ses créatures, il devrait être bien fatigué de m'entendre lui répéter toujours la même prière.....

Notre bonne mère Chaumont, qui te remplace, me charge de te dire combien elle prie pour toi, et combien elle désire que tu réussisses. Je mêle

---

1. Elle écrira désormais tous les quinze jours au départ du paquebot qui transmet la correspondance à Saint-Pierre

mes vœux à ceux de cette seconde mère, et je traverse les mers pour être avec toi de cœur, comme j'espère l'être bientôt de corps. Ta fille, ne pouvant t'embrasser ni te presser dans ses bras, t'envoie par la poste tout ce que son cœur renferme de tendresse. « (16 avril 1877.)

Enfin le télégramme tant désiré, annonçant l'heureuse arrivée de Mme Bry à Saint-Pierre, tire sa fille d'inquiétude et mêle un rayon de joie à la tristesse de la séparation.

« Mère chérie, quel beau moment a été pour moi, celui où l'on m'a annoncé ton arrivée ! Enfin, je ne craignais plus rien ! Notre-Dame des flots t'a protégée. Ce bonheur était si grand ! Je ne pouvais te voir, mais je te savais au milieu des tiens, près d'une mère bien-aimée ; faute de mieux, cela me suffisait, et me suffit encore. Mais il me faut encore attendre quinze jours avant d'avoir des nouvelles positives, avant de savoir l'état de ta santé, et l'effet qu'a produit sur cette chère santé ce long et fatigant séjour au milieu des eaux. O mère ! si tu savais comme ton enfant s'ennuie loin de toi ! Comme tes caresses, comme tout lui manque, parce que tu n'es pas là ! Cette situation, il est vrai, ne doit durer que quelques mois ; mais, si elle durait plus longtemps, il me semble que je ne pourrais vivre, que je mourrais loin de toi. » (30 avril 1877.)

Quelques jours après, une lettre de la

« mère chérie » met le comble aux vœux de son enfant :

Granville, le 4 mai 1877.

« Chère maman,

« Te dire le plaisir que m'a fait ta lettre serait inutile ; tu comprendras sans peine que c'est comme un éclair de bonheur au milieu de mon ennui ; car je m'ennuie beaucoup de l'absence de ma petite mère, quoique je travaille le mieux que je puis..... Je me figure d'ici la joie de grand'mère à ton arrivée, et celle de toute notre famille. Ah ! si j'avais été là, quel bonheur ! L'impatience de mes cousines ne peut égaler la mienne. J'ai tellement envie de voir l'année écoulée, que les heures me font l'effet d'autant de jours.....

« Toute la communauté te souhaite mille réussites, et ma bonne Mère Chaumont prie souvent pour toi. On tâche de rendre ta fille bonne, afin qu'au retour tu sois émerveillée de son caractère. Peut-être ne le seras-tu pas ; mais ce serait de ma faute, et comme ta fille veut faire plaisir à sa petite mère, elle suivra les bons conseils qu'on lui donne...

« Adieu, mère chérie, ta fille tâche à devenir pieuse, et travaille pour celle qu'elle aime et qu'elle embrasse mille et une fois par la pensée.

« Au revoir, mère,   « MARIE. »

Quelques jours plus tard, une seconde lettre de sa mère éclaire son âme d'un nouveau rayon de joie et y excite des rêves de bonheur :

« Chère maman, ta dernière lettre m'est arrivée jeudi : aussi, tu peux juger de la joyeuse surprise qu'elle m'a causée ; elle était un peu courte, mais je m'en suis contentée, sachant qu'en ce moment tu dois avoir beaucoup d'ouvrage.....

« Ma pensée se reporte souvent là où est la meilleure partie, que dis-je ? mon cœur tout entier. J'y vois ma petite mère, arrangeant notre future maisonnette, dans laquelle bonne-maman et elle se plaisent à installer un petit réduit tout blanc pour leur fille chérie. Certes, je l'aurai bien gagnée, ma petite chambrette, quand j'en prendrai possession ; car il aura fallu l'attendre une longue année. Je fais et je bâtis des châteaux en Espagne ; chère maman, je me dis souvent que des jours heureux viendront pour nous. Que veux-tu, j'ai bien peu d'expérience ; mais pourquoi, quand je serai auprès de toi, le bonheur ne viendra-t-il pas nous visiter ? » (28 mai 1877.)

Hélas ! ces rêves dorés devaient avoir le sort de tous les rêves de ce monde !

Quinze jours après elle écrit encore :

« Chère maman, je suis heureuse à la pensée de te savoir installée, et j'ai bien envie de devenir la factrice de ma petite mère. Enfin heureusement le temps marche ; je languis d'impatience de nous voir réunies..... Grand'mère fait comme sa petite-fille, qui a tellement envie d'être gâtée, qu'elle s'ennuie à chaque instant du jour. Si bonne-maman venait me chercher, je ne me ferais pas prier. » (11 juin 1877.)

En lisant ces extraits, on pourrait croire que « la pauvre exilée », comme elle se nomme parfois, tout entière à la tristesse et aux ennuis de son exil, et se consumant en ardents désirs d'être réunie à sa famille, négligeait ses études ; ce serait là une grande erreur. En dehors des moments libres et de ceux qu'elle employait à écrire à sa mère, elle consacrait consciencieusement tout son temps à un travail opiniâtre, afin d'être prête à l'époque fixée pour les examens. L'esprit de foi qui la guidait, le désir de faire plaisir à « petite mère », l'impatience de revoir les siens, étaient pour elle autant de stimulants énergiques. A partir de ce moment, non seulement elle négligera d'écrire à ses amies, mais elle abrégera même les doux entretiens avec sa mère bien-aimée.

« Nous allons laisser la ville de côté », lui écrit-elle, « pour ne nous occuper que de nos études. Je voudrais bien écrire à Mme X...; mais mes examens me préoccupent tellement, que je me vois forcée de remettre cette lettre à un peu plus tard.

« Je travaille autant que je peux et le mieux que

je peux. J'ai commencé le dessin, que j'aime beaucoup. Je n'apprendrai que le dessin linéaire, et non le dessin d'ornement ; attendu que ce dernier ne servirait que pour mon agrément... Mère Chaumont va nous faire passer quelques parties facultatives, comme l'hygiène, la géographie, la physique, la chimie et le chant. Je prendrai des leçons particulières de chant, auprès de Mlle Gossir. J'apprends la tenue des livres ; mais j'ai bien de la peine à me mettre cette science abstraite dans le cerveau. Cependant, elle n'a rien qui doive me désespérer, puisque, avec l'aide de Dieu et de la Vierge, on arrive à tout.....

« Tu dois avoir beaucoup d'ouvrage. Ta fillette aussi travaille bien ; mère, penses-tu qu'il n'y a plus qu'un mois et quelques jours jusqu'aux examens ? Ils auront lieu définitivement le 9 juillet. Je ne puis le croire. Il est inutile de te dire que je compte sur tes prières et sur tes communions, chère maman ; mais je compte aussi sur celles de grand'mère et de *mes sœurs*, comme je les nomme souvent.

« Adieu, mère, je vais travailler, en pensant qu'une mère là-bas travaille pour sa fille, comme une enfant travaille ici pour sa mère. »

Il approchait enfin le jour tant redouté, où cette jeune fille timide, et même craintive, devait affronter les rudes épreuves des examens publics. Le 7 juillet, avant de se mettre en route, elle jette à la hâte quelques lignes sur le papier, à l'adresse de sa mère, pour lui exprimer ses craintes et ses espérances.

« Chère maman, je suis dans tous mes états ; nous partons ce matin à onze heures, pour Saint-Lô. Tu penses que mon cœur bat plus vite qu'à l'ordinaire, mais j'ai bon espoir ; je compte sur les prières de tout le pensionnat, sur celles de ma petite mère, de ma bonne grand' maman et de mes cousines. Il n'y a que la Vierge sainte qui puisse me faire recevoir. Si tu ne reçois pas de dépêche avant le quinze, ce sera un signe de renvoi. Je tremble, chère petite maman, à la pensée que je puis être renvoyée ; enfin, je vais tâcher de ne pas me faire mettre à la porte. Embrasse, si ce n'est pas trop d'ouvrage, toute la famille pour moi. »

Tant de travail, tant de prières, tant de confiance en « la Vierge sainte, » ne pouvaient aboutir à un échec. Notre pieuse et studieuse élève subit ses examens avec succès et avec honneur [1].

Voici comment elle annonça cette bonne nouvelle à sa mère :

Granville, le 23 juillet 1877.

« Chère maman,

« Ton inquiétude a dû être heureusement

---

1. Elle obtint le 4ᵉ rang sur quatre-vingts concurrentes.

dissipée, lorsque tu as reçu la dépêche qui t'annonçait que ta fille est *institutrice*. Je suis reçue, mère chérie, et reçue avec succès. Juge de ma joie, qui n'a pas été, j'en suis sûre, égale à celle que tu as ressentie, en apprenant la bonne nouvelle. Et grand'mère, il me semble la voir ; elle devait courir à droite, à gauche ; elle ne devait plus se reconnaître. Sa petite-fille aussi était bien contente ; mais elle ne pouvait manifester sa joie, car la pauvre Adèle X... a été refusée avec vingt-deux autres [1]. C'est si triste, quand on a bien travaillé, de se voir obligée de recommencer encore. Les examens ont été très difficiles ; on nous a donné un devoir de style du premier degré ; heureusement pour moi, je m'en suis bien tirée.....

Es-tu sûre de venir me chercher, mère bien-aimée ? dis-le-moi dans ta prochaine lettre ; je bous d'envie de le savoir.....

« Au revoir, mère bien-aimée,

« Ta fille,

« MARIE. »

Les études si absorbantes de la préparation aux examens ne faisant plus une heureuse diversion, les ennuis et les épreuves de la séparation rendent plus vif encore le désir de Mlle Bry d'être

[1] Ces dernières appartenaient à divers établissements.

réunie à sa chère mère. Voici en quels termes elle le lui exprime :

Granville, le 6 août 1877.

« Chère petite mère,

« Demain, je serai en vacances, et, pour la première fois, je vais passer des vacances loin de toi. Non, tu ne seras pas là, et toi partie, mon bonheur s'envole. Ah ! qu'elles vont me paraître longues ! Comme je vais désirer avec ardeur le moment qui nous verra réunies, ma maman chérie !...

« Tâche, oh ! mais fais tout ton possible pour venir me chercher, petite mère ; car ta fille s'ennuie loin de toi, mais s'ennuie tout à fait, tout à fait. J'envie le sort d'Émilie qui est constamment près de toi, tandis que ta petite fille qui t'aime de toutes les forces de son âme, ne peut même t'embrasser. Aussi, elle se fâchera tout rouge, si tu ne viens pas la chercher bien vite, na !...

« Je parie que tu ne seras pas fâchée, quand je te dirai que la pension m'a fait maigrir ; ce qui ne m'empêche pas d'avoir de bonnes joues qui voudraient bien recevoir de bons baisers de mère, de grand'mère et de toute la famille...

« Adieu, chère maman, je t'embrasse mille fois et te donne la mission difficile d'embrasser bonne grand'maman comme je l'aime.

« Ta fillette,

« MARIE-ÉLISABETH. »

Mais, avant de laisser Mlle Bry franchir le seuil du couvent, pour passer ses vacances dans la famille d'un de ses oncles, citons quelques lignes de la révérende Mère Chaumont esquissant à la hâte, et d'une main tremblante [1], le portrait de sa chère ancienne élève :

« Dieu avait sur cette enfant des vues de miséricorde ; souvent elle m'a redit : « Je crois que je mourrai jeune »... Était-ce son désir ? je l'ignore ; mais ce que je sais bien, c'est que notre chère Marie, entrée bien jeune dans notre pensionnat, sut se concilier l'affection de toutes ses maîtresses et celle de ses compagnes. Elle possédait des qualités charmantes : amour filial porté au plus haut point, un cœur excellent, des sentiments délicats, une grande reconnaissance envers les personnes chargées de son éducation ; elle était prévenante, aimable, etc... Elle avait de plus une candeur et une simplicité qui la faisaient remarquer tout particulièrement, alors surtout que les petites fêtes du pensionnat la mettaient en relief...

« Chaque année les exercices de la retraite étaient pour elle, comme pour ses compagnes,

---

1. Notre travail était déjà sous presse lorsque la R. Mère Chaumont, quoique accablée par l'âge et relevant à peine d'une cruelle maladie, fut heureuse de nous fournir la petite appréciation dont nous donnons une partie ici ; nous renvoyons au chapitre de la *Piété* et de la *Dévotion à la sainte Vierge* deux autres paragraphes de cette même lettre.

une époque bien désirée où chacune voulait être la plus fervente, la plus recueillie... La Communion générale qui terminait ces saints exercices était une cérémonie bien touchante. La modestie, le calme, le bonheur qui paraissaient sur la physionomie de chacune de ces chères enfants, inspiraient la dévotion, faisaient couler bien des larmes et ravivaient bien des courages. Ces jours délicieux de la retraite, écoulés trop vite au gré de toutes, étaient l'époque d'un vrai renouvellement, et notre Marie ne se montrait pas la moins ardente pour le bien...

« Douée d'une sensibilité excessive, elle eut beaucoup à souffrir de ce côté, alors surtout que devenue plus grande il fallut faire les sacrifices qu'exige l'éducation et se séparer de sa mère. Celle-ci, en partant pour l'Amérique, nous la confia entièrement ; ce moment fut pour Marie un moment cruel, et ce ne fut pas sans peine que nous parvînmes à la faire se résigner à ce grand sacrifice. Mais dès que la grâce eut triomphé de la nature, la chère enfant se montra courageuse et pleine de bon vouloir pour travailler à l'obtention de son brevet... C'est alors surtout que Marie devint réellement une jeune fille sérieuse et toute à son devoir ; la pensée de faire plaisir à sa mère et de satisfaire ses maîtresses était le stimulant qui la rendait victorieuse des difficultés. »

Mlle Bry passa ses vacances au Vivier, près de Dol, chez un oncle paternel, M. Pierre Bry, inspecteur de douanes ; elle aimait cet oncle comme un second père. Par ses lettres elle nous apprendra elle-même comment elle employa ce temps de repos.

Le Vivier, 19 août 1877.

« Chère petite maman,

« Ta lettre m'est parvenue au Vivier où je suis auprès de mon oncle, qui ne me laissera partir que lorsque tu viendras me chercher. J'accepte de bon cœur ; je ne doute pas de ton consentement.

« Je donne une leçon chaque matin à ma cousine. Je trouve que le métier d'institutrice n'est pas commode ; cependant, je suis contente de faire cet apprentissage au sein de la famille ; car, si je suis obligée plus tard de me servir de mon brevet, je serai habituée aux ennuis. Si tu savais, mère chérie, comme ta fille est devenue raisonnable, tu serais enchantée. Figure-toi que je m'en étonne moi-même ; c'est peut-être de la présomption ; mais dame, tant pis, je ne risque rien après tout en te disant ce que je pense...

« Je ne perds pas mon temps ici, et pour te faire vivre de ma vie, je vais te donner le sommaire de mes journées. Dans la matinée, j'aide ma tante, je donne la leçon à Marie, tout en faisant d'ordinaire quelque ouvrage de couture ou autre pour cette chère tante. L'après-midi est encore plus simple : je fais du crochet ou bien de petits cadres de paille qui enchantent toute la famille ; ou encore, je rafistole une robe, quelquefois même je recouvre un chapeau, enfin je fais de tout un peu...

« Dimanche dernier, j'ai été à la pêche aux huîtres : j'en avais cinq, c'était très beau ; mais nous ne nous serions pas régalés, si mon oncle n'en avait pris cent quarante... Il y a un peu plus de huit jours que le mont Saint-Michel nous recevait dans ses murs. Que te dirai-je de cette merveille de l'occident, qui se dresse là au milieu des eaux ? C'est beau, c'est magnifique. J'ai bien regretté que tu ne fusses pas là, petite mère, le plaisir aurait été complet. »

Plus tard, à la date du 2 septembre, elle écrivait de nouveau :

« Mère bien-aimée,

« Ta lettre du 10 août m'est arrivée hier, et tu penses qu'elle a été bien accueillie. Je m'empresse d'y répondre en attendant l'heure de la grand'messe ; il fait si bon s'entretenir un peu lorsqu'on est si loin.

« Ma vie est bien douce ici, près de mon oncle et de ma tante ; si tu savais, mère, comme ils m'entourent de soins ! Mon oncle m'appelle sa *fille aînée* ; ma tante, sa *grande fille,* et Marie, sa *petite sœur.* Ma tante ne peut penser au départ ; moi, je ne voudrais pas le lui dire, mais j'y pense souvent, pour ne pas dire toujours ; je me prends fréquemment à rêver de toi et de la patrie, en chantant ces vers :

> Emporte-moi, brise légère,
> *Là-bas où vont tous mes soupirs :*
> Où vont mes vœux et ma prière,
> *Aux lieux* cachés de mes désirs.
> Sur l'aile d'un nuage,
> Place-moi près de toi ;
> Et puis, vers ce rivage,
> O brise, emporte-moi.

« Est-ce que Mme X*** ne viendra pas en France cet hiver ? si elle ne vient pas, ne connais-tu pas une autre occasion ? Je partirai bien seule, s'il le faut ; ta fille est forte, petite maman chérie, et elle est sûre de n'être pas malade pendant la traversée ; d'un autre côté, elle irait bien toute seule au Pérou, s'il le fallait, pour trouver sa petite mère, tellement j'ai envie de te revoir, ma bien-aimée... »

A la date du 16 et du 30 septembre elle écrit :

« Chère maman, tu me dis que tu viendras me chercher ; j'en suis bien heureuse, mais je crains pour toi la traversée, pour toi qui es mon seul trésor sur la terre... Je ne suis pas rassurée sur ta faible et chère santé, mère, et ces vilains maux de tête me tracassent. Je suis sûre que c'est la peur de ne pas réussir qui te tourmente ainsi, chère maman ; mais pourquoi te tourmenter ? Dans quelques mois, n'auras-tu pas ta fille, qui travaillera jour et nuit, s'il le faut? Et puis, d'ailleurs,

> Dieu laissa-t-il jamais ses enfants au besoin?
> Aux petits des oiseaux il donne leur pâture,
> Et sa bonté s'étend sur toute la nature.

« Ta fille n'est plus une enfant, ma petite mère; c'est une jeune fille raisonnable qui sait aimer sa mère et se dévouer pour elle. Tu ne le sais que trop bien, toi, mère, que savoir aimer et se dévouer, c'est là tout le secret de la vie, tout ce qui fait jouir ou souffrir...

« Je tâche de profiter de tes conseils, mère. On m'entoure de soins et d'amitié ; je me porte à merveille. Je ris souvent, pour n'attrister personne ici ; mais si tu pouvais me voir, ton œil de mère découvrirait que je suis triste, bien triste, que mon âme languit et qu'il me faudrait ta présence pour me guérir...

« Adieu, petite mère chérie.

« Ta fille qui t'aime et t'aimera toujours
plus qu'elle-même,

« MARIE. »

CHAPITRE VI

VOYAGE DE Mme BRY EN FRANCE. — SÉJOUR A GRAN-
VILLE. — RETOUR DE LA MÈRE ET DE SA FILLE A
SAINT-PIERRE.

Cependant, le temps approchait où la « petite
mère chérie » allait franchir l'Océan pour chercher sa fille. Mais à combien d'inquiétudes, d'angoisses mortelles cette enfant aimante ne va-t-elle
pas être en proie jusqu'au moment où elle pourra
serrer dans ses bras et presser sur son cœur sa
tendre mère !

Le 28 octobre, elle écrivit du Vivier à sa grand'
mère :

« Chère grand'mère, je suis dans une inquiétude mortelle. Figure-toi que le paquebot est arrivé sans m'apporter de lettre : je ne sais que
penser. Quelquefois je me dis que maman est
malade, ou qu'il est arrivé un malheur; que sais-je
où mon esprit va courir ? Je suis tellement ennuyée
que je n'ai pu m'empêcher hier de pleurer toute

la journée... Enfin, je remets tout entre les mains de Dieu.

« Tu vas donc être de nouveau toute seule, ma mémé chérie ; mais tu ne perdras rien pour attendre, car cette fois tes deux filles t'arriveront. Ta Mariette, ta petite Benjamine que tu aimes tant et qui t'aime tant, hâtera le plus possible notre réunion... Dis à Émilie qu'elle te laisse des joues, pour que ton bébé Maric t'embrasse comme elle le souhaite... Je te prie de faire dire une messe de ma part pour le voyage de petite mère. »

Une lettre de Mme Bry, annonçant qu'elle se préparait à partir pour Granville, vient à propos dissiper une partie des craintes de sa fille. Celle-ci quitte aussitôt la famille de son oncle pour attendre sa mère au pensionnat de Saint-Thomas de Villeneuve.

Mais, le 26 novembre, de plus en plus inquiète, elle écrit de nouveau à sa grand'mère.

« Bonne grand'maman, j'attends ma chère petite mère avec une grande impatience ; les jours me semblent des siècles. Je t'assure que je ne suis pas sans inquiétude, surtout en voyant les horribles tempêtes qui sévissent en ce moment sur nos côtes. La pensée qu'un malheur pourrait arriver à ma mère bien-aimée m'empêche de dormir. Mais non, cela ne peut pas arriver, quand je prie tant la sainte Vierge pour elle !... »

Enfin, le 15 décembre, après une longue et

cruelle attente, on annonça à l'impatiente Marie que sa mère était débarquée. Elle faillit se trouver mal, tant le bonheur de revoir sa « petite mère chérie » avait émotionné son cœur. En lisant les lignes suivantes par lesquelles elle informe son aïeule de cette heureuse arrivée, nous ne pouvons nous empêcher d'admirer le tact parfait, la charité délicate, qui, avant de lui permettre de penser à sa propre joie, lui font penser à celle des autres :

Granville, le 23 décembre 1877.

« Bien chère mémé, je vois d'ici la joie que tu as dû ressentir, il y a huit jours, quand on t'a annoncé l'arrivée de maman... Imagine-toi ma surprise et mon bonheur lorsque j'ai pressé dans mes bras ma petite mère bien-aimée. J'ai oublié dans ce moment les huit longs mois qu'il m'a fallu passer loin d'elle, pour ne penser qu'à la joie du retour. Que je suis heureuse, chère bonne maman, et quels moments délicieux je passe auprès de petite mère ! Il me semble que cette séparation n'a été qu'un rêve. Maintenant, je n'ai plus qu'un désir : c'est d'être arrivée au moment délicieux qui nous réunira tous.

« J'ai fait mille et une questions à maman, et il lui a fallu répondre, bien entendu. Je sais maintenant tout ce que tu fais depuis le matin jusqu'au

3*

soir; je pourrais dessiner notre maison avec ses plus petits coins et recoins.

« Quant à Saint-Pierre, je ne le connais pas, mais je l'aime. Ne renferme-t-il pas en effet tout ce que j'ai aimé et tout ce que j'aime le plus au monde?...

« Je suis sûre que tu t'ennuieras bien cet hiver; mais les lettres de ta petite-fille viendront te distraire, et l'espérance du prompt retour de ta fille et de ta petite Mariette te soutiendra. Du reste, je charge mes cousines de la délicate mission de te faire oublier tes ennuis; elles s'en acquitteront bien, j'en suis certaine à l'avance, et elles recevront en récompense mille amitiés de celle qui les connaît à peine, mais qui les aime beaucoup.

« Adieu, bonne maman, embrasse toute la famille pour ton grand bébé.

« Ta petite fille qui de loin t'envoie mille baisers,

« MARIE BRY. »

A la fin de janvier 1878, les affaires amenèrent Mme Bry dans la capitale, sa fille l'y accompagna. Le grand et brillant Paris, loin d'éblouir cette dernière, la fatiguait. Au retour, on pressa les préparatifs pour partir vers la fin de mars par la *Joséphine-Anna*.

La R. Mère Chaumont, informée par « la petite Marie Bry » de son prochain départ pour Saint-

Pierre, lui adressa une lettre où, tout en assurant sa chère ancienne élève de sa constante amitié et de son inaltérable dévouement, elle lui donne des avis dictés par sa vive sollicitude maternelle. Qu'il nous soit permis de citer le fragment de lettre qui nous reste; ces lignes font honneur à la maîtresse comme à son élève :

Dimanche, 10 mars 1878.

« Ma bien chère Marie,

« J'ai tardé quelques jours à répondre à votre gentille lettre; car j'attendais la visite [1] que vous m'aviez annoncée; mais ne voyant pas arriver ma chère petite élève, je me mets aujourd'hui en devoir de vous écrire. Je ne voudrais pas vous laisser, ma bien chère Marie, quitter notre chère France, sans vous y donner encore une marque de mon affection sincère et dévouée, et vous redire une fois de plus que je vous aimerai toujours.

« Oui, ma petite Marie, oui, partout vous suivra mon dévouement le plus affectueux; au delà des mers comme dans notre cher couvent de Granville, où, pendant de si longues années, nous

1 Mlle Bry, à cette date, avait déjà fait sa visite d'adieu à à sa chère maîtresse; il n'est question ici que de sa photographie.

avons vécu ensemble, je serai pour vous une mère, et une amie bien sincère...

« Ah ! ma bien chère enfant, vous aussi restez toujours bonne et pieuse, simple, aimable, prévenante et dévouée envers votre chère maman ; elle a si grand besoin de votre affection pour consoler son cœur qui a tant souffert ! Voyez, ma bonne Marie, voyez comme elle s'est dévouée pour vous... elle n'a pas craint de s'exposer pour sa fille bien-aimée à toutes sortes de dangers et de fatigues... En retour, donnez-lui tout votre dévouement, et n'affligez jamais son cœur, qui vous aime tant.

« Combien je vais penser à vous pendant la traversée ! et, à partir du 15 mars, je prierai chaque jour pour que vous arriviez promptement au port. »

Une autre religieuse du couvent de Granville, la R. Mère Maria Roche, nous adressa, après la mort de Mlle Bry, une lettre d'où nous extrayons les lignes suivantes, se rapportant à cette époque de sa vie :

« Quelques jours avant le départ définitif de Marie pour Saint-Pierre, je lui témoignai mon regret de la voir s'éloigner de nous ; elle me parla alors avec abandon : « Ma Mère, me dit-elle, je n'aime pas le monde... Les femmes de Granville aiment passionnément la toilette ; pour moi, je suis heureuse de me dévouer dans une modeste position au bonheur de ma mère dont je suis toute la consolation... Parfois, je pense que je mourrai jeune; mais je vous avoue que, si ce n'était le chagrin que je causerais à ma pauvre mère qui n'a plus que moi à aimer, je ne regretterais nullement la vie... »

La veille du départ pour Saint-Pierre, un jeune professeur du collège de Cherbourg, né à Granville, désireux de s'assurer la main de Mlle Bry qu'il avait connue toute jeune et dont il estimait les rares qualités, fit auprès de Mme Bry sa demande de mariage. Les deux familles étaient depuis longtemps unies par les liens d'une étroite amitié; les deux mères virent d'un œil très favorable un projet d'alliance qui allait encore resserrer ces liens. La jeune Marie savait qu'en donnant son consentement elle ferait plaisir à sa mère; il ne lui fallut pas davantage; elle fut donc fiancée.

Le lendemain la *Joséphine-Anna* appareilla et fit route sur Saint-Pierre. Tandis que le navire s'éloignait des côtes de France, Marie, après avoir jeté un dernier regard sur les lieux où s'était écoulée sa jeunesse, où son esprit et son cœur s'étaient formés à la science et à la piété et où elle laissait tant d'amies dévouées, tenait ses yeux fixés sur d'autres rivages qu'elle ne découvrait pas encore, mais où son cœur habitait déjà, bien plus, où « la moitié de son cœur était enterrée. » Il tardait à ce pauvre cœur sans cesse agité et tourmenté par les épreuves de la séparation, de se reposer dans le sein d'une famille vivement aimée. Il tardait à cette enfant toute pleine de piété filiale, de déposer sur la tombe mille fois bénie de son père bien-aimé, « un souvenir, une fleur, une prière », et de l'arroser de ses larmes.

Pendant la traversée, elle est sans cesse préoccupée de donner à sa mère les soins les plus affectueux et les plus dévoués. Sa nature enthousiaste contemple avec admiration le spectacle grandiose du lever et du coucher du soleil sur l'Océan. Là nuit, le ciel étoilé scintillant de mille feux ravit et transporte son âme, qui, s'élançant librement à travers les régions où éclatent tant de merveilles, pénètre jusque dans le séjour des bienheureux, où le Créateur de toutes choses, le Dieu de son cœur, lui manifestera un jour sa gloire, et l'inondera de félicité. Dans sa filiale confiance et son entier abandon entre les mains de son Père céleste, elle jouit en quelque sorte de se voir suspendue au dessus des abîmes, sur une frêle planche, et de ne devoir sa préservation et son salut, qu'à l'amour et à la bonté de ce tendre Père.

Après vingt-six jours d'heureuse traversée, le navire jeta l'ancre dans la rade de Saint-Pierre, le 20 avril au soir, la veille de Pâques. Les passagers ne débarquèrent que le lendemain matin. Grande, immense fut la joie de se trouver enfin dans cette famille, l'objet constant de ses plus douces pensées, de ses plus vives affections.

CHAPITRE VII

DEPUIS L'ARRIVÉE DE Mlle BRY A SAINT-PIERRE, JUSQU'A
SON DÉPART POUR LE COUVENT DU HAVRE BRETON.
— NOUVEAU GENRE DE VIE. — RAPPORTS AVEC LE
MONDE. — ÉCUEILS.

M. Bry, le lecteur s'en souvient, avait occupé
une position bien en vue à Miquelon et à Saint-
Pierre, où il avait passé plus de la moitié de sa
vie. Son souvenir était encore tout vivant dans
la mémoire et le cœur de ses nombreux amis.
D'un autre côté, la réputation de sa fille qui
s'était distinguée par de brillants succès litté-
raires, avait traversé les mers bien avant elle. Il
n'est donc pas étonnant que l'attention générale
fût fixée sur elle dès son arrivée. « Nous fûmes
unanimes, dit une dame de Saint-Pierre, à admirer, dans cette grande, belle et forte jeune fille,
dans toute la fraîcheur et l'épanouissement de ses
dix-sept printemps, les heureux résultats d'une

excellente éducation. » Dès ce moment on se disait ce que nous dit plus tard la Révérende Mère Marie-Joseph, Supérieure provinciale des Sœurs de Saint-Joseph de Cluny à Saint-Pierre : « Mlle Bry est une jeune fille accomplie. » L'expression de bonté et d'affabilité qu'on lisait sur ses traits ; cet air de charmante modestie et de timide réserve, le plus bel ornement de son sexe ; ce visage reposé, indice de l'ordre et du calme qui régnaient dans son âme ; un maintien grave et distingué sans affectation ; une démarche à la fois noble et gracieuse sans prétention, toutes ces qualités concilièrent aussitôt à la nouvelle venue le respect universel, et lui gagnèrent d'avance tous les cœurs. De plus, on ne fut pas longtemps sans remarquer qu'à cet ensemble de riches qualités naturelles, dont cette jeune fille était douée, elle joignait une solide piété. Sa tenue si recueillie à l'église, sa fréquente réception de la sainte Eucharistie, ses visites au Très-Saint-Sacrement édifièrent ceux qui en étaient témoins, et prouvèrent tout de suite qu'une foi vive éclairait son âme, et qu'un amour tendre et fort pour son Dieu faisait battre son cœur.

Une vie toute nouvelle s'ouvrait pour Mlle Bry, et, selon ses désirs, elle était devenue « la factrice de sa petite mère. » Elle se mit sans retard à l'œuvre pour la seconder dans les multiples occupations de chaque jour. Heureuse de joindre le dévouement le plus inaltérable à l'amour le plus tendre, elle traduisit en actes ces belles paroles, que quelques mois auparavant elle avait adressées à sa mère déjà souffrante du tracas des affaires : « Tu ne le sais que trop bien, toi, mère, que, savoir aimer et se dévouer, c'est là toute la vie. »

Rien ne lui semblait pénible; l'amour pour son Dieu et pour sa mère lui rendait toutes choses agréables, selon ces paroles de saint Augustin : *Ubi amatur non laboratur ; aut si laboratur, labor amatur.* « *Quand on aime, on ne sent pas la peine ; ou si l'on sent la peine, on aime cette peine.* » A l'égard de sa tendre mère, elle était d'une souplesse de volonté admirable, d'une attention, d'une prévenance des plus délicates. Sa plus délicieuse jouissance, après les occupations de la journée, était de s'asseoir à côté de sa « mère chérie, » de travailler avec elle jusqu'à une heure avancée de la nuit, de charmer les heures par les entretiens de la plus douce intimité; de l'encourager dans les difficultés et de lui faire oublier ses peines par quelque aimable caresse. O heureuses, mille fois heureuses les mères qui, en parcourant le chemin de la vie semé de tant de peines, arrosé de tant de larmes, rencontrent dans leurs enfants des anges consolateurs, comme le fut Mlle Bry pour sa mère !

Mais quittons l'intimité du foyer domestique témoin des vertus cachées de Marie-Élisabeth, et suivons-la dans ses relations extérieures et sociales. Le passage d'une jeune fille du couvent dans le monde, offre toujours certains dangers assez sérieux. A la fraîche et bienfaisante atmosphère de piété et de recueillement qu'elle a respirée jusque-là, succède brusquement un air embrasé et comme enfiévré par les convoitises du siècle : le calme et la tranquillité d'une vie d'étude et de prière, fait souvent place au vent impétueux des passions, qui tend à envelopper des cœurs jeunes et inexpérimentés dans le tourbillon des plaisirs mondains et dangereux.

Mlle Bry aurait pu jouer sur la scène du monde un rôle brillant, qui aurait tenté plus d'une jeune fille. Les charmes et les agréments de sa personne la faisaient rechercher par les partisans du monde et de ses plaisirs, qui l'invitaient volontiers à leurs fêtes, et l'y eussent accueillie avec empressement. C'était là pour elle un danger sérieux, un écueil où sa vertu aurait pu faire naufrage. La prudence du serpent devait s'ajouter à la simplicité de la colombe, pour la mettre à l'abri de périls d'autant plus graves, qu'ils étaient considérés autour d'elle comme inoffensifs. De plus, il lui fallait une grande force d'âme, pour résister à un courant de plaisirs et d'amusements d'autant plus fort et plus dangereux que, chaque année, il semble élargir ses bords et creuser plus profondément son lit. Pour n'être pas taxé d'exagération sur ce point, nous citerons le témoignage d'un homme éminent [1], qui, par sa longue expérience, et par la haute position qu'il a occupée, était à même de signaler avec grande autorité ce danger aux mères de famille :

« Qui dira le bouleversement intérieur d'une jeune fille, au moment où elle met le pied sur le seuil de ce monde plein de fascination... au milieu de la nuit, dans le temps consacré au repos, et où l'âme si peu en possession d'elle-même, s'ouvre si facilement aux émotions... dans un lieu où tout conspire à tromper ses sens, où tout est préparé pour la séduire : lumière factice, musique énervante, danses voluptueuses, luxe effréné des décorations, odeur enivrante des parfums... dans une foule de personnes dont la mise indécente, les manières libres, le langage sans retenue, contrastent tant avec la réserve qui lui est habituellement imposée... dans une société enfin, où rien ne ressemble à la vie ordinaire, où chacun se contrefait et se montre envers elle prodigue de compliments hypocrites et d'égards affectés, qui viennent à chaque instant alarmer sa modestie ou déconcerter sa timidité !... Qui peut répondre qu'à la vue de cet appareil insolite, la jeune novice n'aura pas le vertige, et que sa foi, sa piété et tous les sentiments délicats que l'édu-

1. M. l'abbé Balme-Frésol, ancien vicaire général.

cation s'était efforcée de développer dans son cœur, ne feront pas un triste naufrage!...

« Croyez-vous, imprudente mère, que lorsque le jour viendra vous chasser, vous ramènerez saine et sauve cette jeune fille que vous avez exposée à tant de périls?... Sans parler de l'omission des pratiques de piété, et de la négligence de tous les autres devoirs, qui sont la conséquence inévitable de cette vie désordonnée, comment exprimer les ravages intérieurs de cette âme naguère si pure et si tranquille, et maintenant si troublée et si agitée; tantôt exaltée à l'idée d'un succès chimérique, tantôt abattue dans un affreux découragement; tour à tour éblouie par de coupables illusions, ou tourmentée par de cruels remords!...

« En approchant de ses lèvres la coupe enivrante du plaisir, vous lui faites perdre le goût de la prière et du travail; depuis que vous lui avez fait éprouver des jouissances faciles, elle trouve au-dessus de ses forces les sacrifices qu'impose la vertu. Heureuse tant qu'elle était chrétienne, elle s'estime malheureuse de l'être, depuis que vous l'avez rendue mondaine; les douceurs de la piété, les charmes de l'innocence, le bonheur ineffable de la paix intérieure, tous ces biens précieux que le monde lui a ravis ne sauraient être compensés par quelques plaisirs fugitifs, qui ne laissent dans son cœur que le regret de ne pouvoir s'y livrer davantage, ou le remords de s'y être trop livrée ..... [1] »

Une éducation foncièrement chrétienne, un caractère fortement trempé, la vigilance d'une mère prudente et ferme, mais par-dessus tout l'amour pour son Dieu, firent éviter à Marie-Élisabeth ces funestes écueils. Ce n'est pas à dire, cependant, que son imagination vive et avide du nouveau n'ait pas été, l'une ou l'autre fois, éblouie par les splendeurs trompeuses de ces fêtes mondaines, ni que son cœur soit resté entièrement insensible à l'amour si naturel du plaisir.

A l'occasion d'un mariage, elle dut assister à un bal dont il lui était difficile de s'abstenir. Saint François de Sales, son guide préféré, lui avait appris qu'il est des cas où l'on peut licitement, mais non complètement sans danger, prendre part à ces sortes de divertissements. Elle eut ainsi occasion de voir de près les dangers qui menacent l'innocence d'une jeune fille, surtout lorsque son âme n'est pas affermie par la crainte de Dieu. Peu de temps après, « le retour de noces » lui apporta une nouvelle invitation. Autant nous serions indulgent pour excuser des réjouissances extraordinaires le jour du mariage, autant nous serions sévère pour condamner les bals de « retour de noces. » Ces derniers, orga-

1. *Réflexions et conseils pratiques sur l'Éducation.* Tome II, chap. x, chez Victor Sarlit, Paris.

nisés par souscription et pouvant élargir le cercle des invités, n'ont plus un rapport direct avec la manifestation si légitime de la joie, un jour de mariage : les invités de noces, rendant une politesse, disparaissent devant les amateurs du plaisir et de la danse.

Les hésitations et les scrupules de Mlle Bry furent plus forts dans cette seconde circonstance ; elle crut néanmoins devoir accepter. Le jour venu, elle fit tous ses préparatifs, et, en attendant que les personnes qui s'étaient engagées à la chercher chez elle fussent arrivées, on lui fit remarquer que les fleurs faisaient défaut à son chapeau, que sa robe tout unie manquait d'élégance, que de plus elle n'était pas décolletée, comme l'usage le demande : « Je me trouve suffisamment bien, telle que je suis, reprit-elle ; quant à une robe décolletée, ne m'en parlez pas, je trouve cela choquant et indécent. »

Si quelque élégante mondaine, une habituée des bals eût entendu ce langage, elle aurait sans doute souri de pitié de ce qu'elle eût appelé une naïveté, une pruderie, une faute contre l'étiquette, ou peut-être même un grossier manque de savoir-vivre. Mais, qu'on le remarque bien, ce n'était pas une mondaine, celle qui blâmait si ouvertement une mode scandaleuse, et qui, avec une fierté toute chrétienne, refusait de courber la tête sous la tyrannie des exigences du monde.

Elle avait appris de bonne heure que « ce qui est sagesse aux yeux du monde est folie devant Dieu, » et que « celui qui veut plaire au monde devient l'ennemi de Dieu. »

Cependant le temps se passe et Mlle Bry attend vainement qu'on vienne la chercher comme c'était convenu. Ce contre-temps était providentiel. Froissée de ce manque de courtoisie, elle commence à apprécier le monde sous un jour plus vrai; jusque-là elle avait pu se laisser charmer par ses sourires trompeurs; aujourd'hui plus que jamais elle le prendra en dégoût, et se promettra de ne plus reparaître à ses fêtes.

Du haut du ciel, une Mère d'une vigilance plus active et plus clairvoyante que la vigilance des mères de la terre, avait l'œil ouvert sur une enfant qui lui était chère. Marie tenait à lui conserver la blanche robe de son innocence; elle voulait abriter ce beau lis de la vallée contre le souffle corrupteur du siècle, contre la poussière et la boue soulevées sur la voie large des plaisirs dangereux. Grâces vous en soient rendues, ô Vierge immaculée !

Désormais on aura beau inviter Mlle Bry à tous les bals, elle gardera d'une manière inébranlable la résolution contraire qu'elle a prise sous l'inspiration de la Vierge.

Non seulement elle évitera à l'avenir ces divertissements dangereux, mais elle se servira encore de son influence pour en détourner les autres, particulièrement les personnes de sa parenté. Et lorsqu'elle n'y réussira pas, elle ne pourra s'empêcher de plaindre les victimes de l'amour du plaisir, en ces termes ou autres semblables : « Sont-elles jeunes ! elles ne connaissent pas les dangers auxquels elles s'exposent. »

Mais ce qui la peinait tout particulièrement, c'est l'imprudence des mères conduisant leurs jeunes enfants à ces fêtes dangereuses, ou encore organisant pour eux des bals d'enfants. Elle gémissait sur le sort de ces innocentes victimes, dont les âmes et les consciences naïves sont sacrifiées par leurs propres parents au dieu du plaisir. Du reste, sa manière de voir et de juger sur ce point est celle de toute personne sérieuse, animée de l'esprit chrétien.

« Que de regrets amers pour les parents », dit l'auteur déjà cité, « si l'on pouvait mettre sous leurs yeux la statistique fidèle des enfants qui ont puisé dans ces plaisirs le germe de la maladie qui devait les conduire prématurément au tombeau, ou qui y ont ressenti les premières atteintes des passions qui devaient dans la suite causer de si cruels ravages dans leur cœur [1]. »

Un autre danger contre lequel Mlle Bry se tenait soigneusement en garde, c'est celui de

1. *Réflexions et conseils pratiques sur l'Éducation.* — Chez Victor Sarli . Paris.

l'amour des lectures dangereuses ou même simplement peu sûres. Aucun livre suspect n'a jamais déshonoré les rayons de sa bibliothèque. Hélas! que de ravages cause tous les jours cette passion de la lecture qui, particulièrement chez les femmes, fait dévorer les livres à peu près uniquement pour contenter la curiosité, ou satisfaire le besoin d'émotions qui les tourmente, ou dissiper l'ennui qu'engendre l'oisiveté : « Aux sentiments de foi et de respect pour les vérités saintes, dit encore le même auteur, ont bientôt succédé le doute et le rationalisme; aux joies pures, aux douces effusions de la piété, les ardentes émotions, les désirs brûlants de la passion; à l'amour courageux de ses devoirs, le dégoût général de toutes les obligations...

« Une fois entraînées sur cette pente fatale, les femmes ne savent ni s'arrêter, ni revenir sur leurs pas; arrivées même à un certain degré de démoralisation, elles se croient tout à fait invulnérables, et, à les entendre, ces sortes de lectures ne leur font plus rien... Hélas! cela ne se comprend que trop : il ne reste rien à faire où tout a été fait. Le mal parvenu à la dernière extrémité produit l'insensibilité; mais le malade en est-il moins à plaindre, et sa vie est-elle moins en danger[1]? »

C'est donc en grande partie grâce à sa scrupu

1 *Ibid.*

leuse sévérité de s'interdire tout livre dangereux, que la foi de Mlle Bry, loin de subir des éclipses, brillait d'un éclat de plus en plus resplendissant, jusqu'au jour parfait où son âme devait être inondée de l'éternelle lumière. C'est grâce aux mêmes précautions que sa chasteté restait intègre, comme le lis entouré d'épines.

Non seulement elle évitait les lectures dangereuses, mais elle en faisait de bonnes, propres à orner son esprit d'une foule de connaissances utiles. Ses lectures favorites et plus habituelles étaient des lectures pieuses. Outre l'*Imitation de Jésus-Christ*, l'*Imitation de la très sainte Vierge* et l'*Introduction à la vie dévote*, qui étaient ses livres de prédilection, elle lisait habituellement les *Annales de la Propagation de la Foi*, le *Messager du Cœur de Jésus*, celui du *Saint-Cœur de Marie*, celui de *Saint-Joseph*, la *Couronne de Marie*, etc. Et ainsi, dans les longues soirées d'hiver, pendant que d'autres jeunes filles moins circonspectes tournent d'une main fiévreuse les feuillets d'un roman, où la passion brûlante dessèche leur cœur et le corrompt, cette pieuse jeune fille se nourrissait et se fortifiait par une de ces lectures réconfortantes qui, lorsqu'on ferme le livre, laissent dans l'âme la joie, la consolation, l'amour de ses devoirs.

Un dernier danger que Mlle Bry fuyait soigneusement, c'est celui des conversations où la foi et les mœurs sont engagées. Bien loin d'imiter les personnes qui dans leurs entretiens traitent légèrement ou même attaquent la religion et ses ministres, ou encore celles qui y prêtent volontiers l'oreille, elle prenait ouvertement, sans respect humain, la défense de la foi, lorsque dans de rares occasions on se permettait de l'attaquer devant elle. De plus, elle était heureuse de suggérer à d'autres personnes, moins instruites qu'elle, les réponses à faire pour réduire au silence les adversaires.

Quant aux paroles légères ou aux conversations offensant la pudeur, elle était sur ce point d'une sévérité inexorable. Si, par malheur, quelqu'un ne respectait pas ses chastes oreilles, — ce qui arrivait rarement, — il s'attirait une réponse dans le genre de celle-ci : « Voyons, on ne parle pas de choses pareilles; c'est une honte! » Et le coupable, d'ordinaire, se taisait en rougissant. Elle avait naturellement un dégoût instinctif de toute parole pouvant blesser la pudeur. Saint François de Sales, dans son *Introduction à la vie dévote*, lui avait signalé les graves dangers de ces sortes de conversations. Elle avait noté d'une manière toute spéciale le passage suivant, que nous aimons à reproduire [1] :

« Une parole déshonnête, tombant dans un

1. Chap. XXVII.

cœur faible, s'étend comme une goutte d'huile et occupe quelquefois tellement ce cœur, qu'elle le remplit de mille pensers et de mille tentations sensuelles. Comme le poison du corps entre par la bouche, ainsi celui du cœur entre par l'oreille, et la langue qui en est l'instrument est coupable de tout le mal que le cœur peut en éprouver, parce que s'il s'y trouve assez de bonnes disposi- tions pour servir de contre-poison, il est toujours vrai de dire qu'il n'a pas tenu à vous que vous n'ayez fait périr cette âme. Qu'on ne dise point : Je n'y ai point fait attention. Notre-Seigneur, qui connaît les pensées, nous a dit que *la bouche parle de l'abondance du cœur.* Et quand on n'y verrait aucun mal, le malin esprit y en voit beaucoup, et se sert toujours secrètement de ces mauvaises paroles pour en faire entrer le sentiment dans le cœur de quelqu'un. »

Dans cette vie si bien remplie par la pratique des vertus chrétiennes, chaque jour était témoin du même esprit de foi et de piété, de la même tendresse, du même dévouement pour sa mère, de la même affabilité et charité pour le prochain, du même esprit d'ordre, de travail et de régularité dans ses occupations.

CHAPITRE VIII

SÉJOUR DE Mlle BRY AU COUVENT DU HAVRE-BRETON

Vers la fin de l'année 1879, Mme Bry se décida à envoyer sa fille apprendre la langue anglaise [1] dans le couvent des Sœurs de la Présentation, au Havre-Breton, situé sur la côte sud-ouest de Terre-Neuve. Marie-Élisabeth s'embarqua le 1er décembre; le voyage ne fut que de sept ou huit heures. Les religieuses lui firent l'accueil le plus aimable, et bientôt s'attachèrent à elle par les liens d'une sainte amitié.

Ce fut là, dans les desseins de Dieu, une grande grâce pour Marie. Dans cette paisible retraite, son âme fatiguée des bruits et de l'agitation du siècle se reposa et puisa de nouvelles forces. C'était comme le retour de la colombe

[1]. Cette langue est comme indispensable dans le commerce, à Saint-Pierre.

dans l'arche, après qu'elle eut pris son vol dans un monde où elle cherchait en vain un endroit pour poser sûrement le pied.

Mais la pauvre nature humaine pour être d'accord avec la grâce doit se vaincre. La lutte fut bien pénible pour Mlle Bry ; son cœur si tendrement attaché à sa mère bien-aimée, ressentit douloureusement l'épreuve de cette nouvelle séparation. Et si nous revenons sur un point dont il a déjà été question, c'est pour faire ressortir de plus en plus la vertu dominante de Marie-Élisabeth : son admirable piété filiale. Le besoin qu'elle éprouve d'être auprès de sa mère chérie est tellement grand, tellement fort, que, lorsqu'elle en est séparée, elle est en quelque sorte hors de son élément, comme le poisson qu'on a retiré de l'eau. Voici comment elle ouvre son cœur à sa tendre mère à la date du 3 décembre 1879, trois jours après son départ de Saint-Pierre :

« Ma petite maman, comme tu dois t'ennuyer ! Pas plus que moi, sûrement. Ce matin il me prenait des envies de t'embrasser, et j'ai bien pleuré de ne pouvoir le faire... »

Trois jours après, elle écrit de nouveau :

« Chère petite mère, je m'ennuie beaucoup, et si je n'avais pas honte, je me mettrais à pleurer... Je ne me plairai pas autant ici que Mlle X...; je n'aime pas cette vie anglaise. Il est vrai, je suis Française dans le fond de l'âme. »

Le lendemain 7 décembre, continuant sa lettre, elle écrit : « Je m'ennuie, bien souvent je l'ai pensé, je l'ai dit, jamais avec autant de vérité. Aujourd'hui et hier j'ai pleuré de bien bon cœur, et, si je ne m'habitue pas plus, je passerai quatre bien tristes mois. Heureusement, j'espère m'ennuyer bien moins, quand je parlerai l'anglais... Demain matin, fête de l'Immaculée Conception, j'irai à confesse, puisque le prêtre parle un peu français, et à la messe je communierai... »

Puis, craignant d'avoir contristé sa mère par le récit de ses ennuis, elle s'efforce de l'égayer, en lui faisant part des impressions divertissantes que lui fait éprouver le contraste des mœurs anglaises avec les mœurs françaises. Entre autres, elle s'amuse spirituellement « des énormes portions de viande en présence desquelles elle fait de fameuses grimaces, » et exalte le dévouement d'une compagne de pension, qui, douée d'un meilleur appétit que le sien, lui « rend habituellement le service de la débarrasser de la moitié du contenu de son assiette, particulièrement quand on sert de l'oie. » Après avoir raconté avec beaucoup de charme une foule de faits récréatifs qui se passent sous ses yeux, elle termine ainsi : « Émilie, qui rit facilement, rirait bien ici, mais je doute qu'elle s'y amusât, si elle était comme moi, seule... Tous les premiers dimanches du mois, les bonnes sœurs sont en retraite, et ne parlent pas ; ce jour de retraite est aujourd'hui même. Sans être forcée à faire cette retraite, je l'ai faite aussi, me semble-t-il ; en effet, j'ai dit peu de choses, mais en revanche, j'ai bien pensé à toi, ma petite mère, et à vous tous. »

Le froid rigoureux de cet hiver la faisait beaucoup souffrir, mais sans lui rien enlever de sa bonne humeur : « Ma chère maman, écrit-elle le 29 décembre, en commençant un petit journal où sont relatés les impressions et les faits saillants de chaque jour, je ne te dirai qu'un mot aujourd'hui, c'est que je t'écris gantée, en gants de peau s'il vous plaît, lesquels ne me sortiront pas des doigts d'ici à quelques jours. Du reste, j'aurai de la peine à les retirer, attendu qu'ils ne forment plus qu'un avec mes doigts tout meurtris. »

A la date du 4 janvier elle continue : « Ma petite mère, aujourd'hui dimanche j'ai toute la tranquillité et le temps de t'écrire, et ce serait mal à moi de ne pas le faire, surtout au commencement de cette nouvelle année.

« Jeudi, premier de l'an, j'aurais voulu mettre quelques mots sur cette feuille; mais je n'ai pas voulu enfreindre la défense qui nous avait été faite, dans le but de nous faire plaisir, d'écrire ou d'étudier. On n'avait pas défendu de penser, et tu peux croire que ma pensée, cette vagabonde, a fait du chemin. Il me faudrait trop de temps pour te dire tout ce qu'elle a souhaité de bon et de délicieux, à toi, chère petite mère, et à tous ceux qu'elle aime... Pauvre imagination, voyageant toujours par les grandes et les petites routes de l'amitié ! Dieu seul sait ce qu'elle souffre de voyager ainsi, sans compagnie ; mais elle n'en voyage pas moins, et certes, elle fait souvent le voyage de Saint-Pierre, sans se faire attendre comme cet affreux et cher *Curlew* [1]. En effet, n'est-il pas toujours désiré et son attente ne cause-t-elle pas des moments de profond ennui à la pauvre exilée ?...

« Comme j'ai pensé à toi, à Saint-Pierre !... et en fin de compte j'ai souhaité de me réveiller, au prochain « New-Year », sous le même toit que toi ; n'importe dans quelle circonstance, ce sera toujours une circonstance bienheureuse que de pouvoir s'embrasser et se répéter la vieille et douce phrase : « Bonne année ! »

« Ici, nous avons commencé l'année par une forte émotion. Le matin à la messe, la petite Lizzie Clinton est tombée sans connaissance ; ce n'est guère étonnant avec le froid qu'il faisait. J'eus bien peur de l'évanouissement de ma petite amie, si bien que j'étais aussi pâle qu'elle, et que l'on me crut malade aussi. Le lendemain nous reçûmes l'ordre de rester couchées jusqu'à huit

---

1. Vapeur postal reliant Saint-Pierre avec Terre-Neuve.

heures et demie. Ta paresseuse fille ne fut pas fâchée de cela, comme tu le penses, et pendant que l'aurore te voit debout, elle est à se prélasser dans son lit; mais elle pense à toi, t'aime bien et t'embrasse en te disant à demain...

6 janvier.

« Ma chère mère, je m'ennuie loin de toi, je m'ennuie beaucoup, et je ne trouve rien de mieux que de venir te le dire... J'attends le *Curlew* avec impatience, on dit qu'il arrivera demain; ce serait bien gentil d'arriver juste le 7 janvier pour me souhaiter une heureuse fête de ta part, et n'importe quel cadeau ne pourrait me faire plus de plaisir. Songe que, depuis que je suis ici, j'ai reçu seulement une lettre de toi, et encore pas bien longue. C'est bien peu dans plus d'un mois, tu ne seras donc pas étonnée si je traîne ma pauvre vie dans un ennui profond...

« Demain, chère petite mère, j'aurai dix-neuf ans. Vraiment je ne puis le croire, et je me demande s'il y a bien ce temps que je suis sur la terre. Pourtant, en récapitulant mes années, ma vie jusqu'ici a été bien remplie, si l'on peut appeler de la sorte la nouveauté et le changement qui l'agitent. En effet, depuis mes dix-sept ans, si bien fêtés à Granville, que de choses et d'événements se sont succédé heureux et malheureux; car, parmi les sourires il se trouve toujours des pleurs. Mais voilà bien de la philosophie pour mes dix-neuf ans; c'est que, vois-tu, je regrette mes années qui s'envolent, et que j'ai peur de vieillir. Ne ris pas; l'avenir me fait peur, et pourtant je voudrais être à quelques mois d'ici, au jour surtout où je pourrai t'embrasser. »

Que le lecteur nous permette ici une réflexion. « L'avenir me fait peur, j'ai peur de vieillir » ; ces paroles n'expriment pas cette vague inquiétude qui tourmente d'ordinaire les jeunes filles quand l'âge est venu de s'établir : Mlle Bry, nous l'avons vu, était depuis deux ans fiancée dans les meilleures conditions. Chez elle, ce langage dénote, au contraire, un réel effroi et comme un lointain pressentiment que Dieu met au fond de certaines âmes sur lesquelles il a des desseins particuliers, afin de les préparer d'avance à de grandes épreuves, en les détachant du présent, et en leur épargnant les dangereuses et énervantes illusions d'un riant avenir.

Les cruelles épreuves du passé, par lesquelles Dieu s'était plu à affliger le cœur de Marie-Élisabeth, l'avaient placée depuis longtemps en face des tristes réalités de la vie. Elle n'attendait rien de mieux de l'avenir. Il semblerait même qu'elle entrevît, pour les années futures, des épreuves encore plus poignantes pour elle et pour sa pauvre mère. De là, ces paroles « l'avenir me fait peur. »

Quel contraste entre cette manière de considérer la vie et celle dont l'envisagent la plupart des jeunes filles de cet âge! Entrevoyant l'avenir à travers les plus séduisantes illusions, tout leur sourit; tout leur paraît fêtes et réjouissances.

La vie est pour elles un festin où la variété et la délicatesse des mets rassasiera tous les désirs de leur cœur, où une coupe enchanteresse enivrera sans cesse leur âme de joie et de bonheur. Hélas! quelles tristes déceptions, quel affreux réveil après ces rêves dorés!... Et dire que des âmes ainsi énervées par l'espérance et la fièvre de jouir dans l'avenir, ne seront nullement préparées aux épreuves qui les attendent. Quoi d'étonnant si alors, au lieu de se résigner, elles murmurent et blasphèment!... Oh! combien nous semblent plus sages, plus avantageuses et pour le temps et pour l'éternité, les appréhensions et les craintes de Mlle Bry, qui la font s'écrier : « L'avenir me fait peur! »

Dans la plupart de ses lettres, cette fille aimante s'occupe de sa mère plus que d'elle-même.

Elle lui recommande sans cesse de bien prendre soin de sa santé, de ne pas rester dans l'isolement, de se distraire : « Chère maman, lui écrit-elle le 3 décembre, ne reste jamais seule à la maison; prends plutôt Émilie, j'ai peur que tu sois malade. »

A la date du 24 janvier, elle exprime les mêmes appréhensions :

« Chère mère, le *Plover* est arrivé avant-hier soir à neuf heures ; j'ai été bien contente d'avoir ta lettre avant de me coucher. Je crois que je n'aurais pu dormir, si je n'avais su l'état de votre santé à tous. Pour toi, chère mère, elle n'est guère bonne, et j'ai grand'peur que tu ne prennes froid avec cet affreux mal de dents. Couvre-toi bien et ne fais pas d'imprudence, comme cela t'arrive souvent. Ne te fatigue pas non plus, et ne veille pas le soir selon ton habitude ; en un mot soigne-toi, quand ce ne serait que pour dissiper les alarmes que me cause ta défaillante santé. »

Le 19 février, les mêmes craintes lui inspirent les lignes suivantes :

« Quelle idée, chère mère, avais-tu de ne pas vouloir te distraire un peu avec cette petite comédie ? Je sais gré à la famille T... de te dénicher un peu de ta solitude. Distrais-toi, promène-toi, et surtout soigne-toi bien. »

Cependant les ennuis de la séparation et les inquiétudes que lui causait la santé de sa bonne mère, n'empêchèrent pas Mlle Bry de s'appliquer très sérieusement à l'étude de la langue anglaise et d'y faire de rapides progrès. Au bout de quelques semaines elle avait même surmonté les difficultés toujours sérieuses pour les étrangers, de l'arithmétique et du système anglais des poids et des mesures. Elle continua aussi avec succès les leçons de piano commencées en France. Sa nature sensible aimait beaucoup cet art d'agrément.

Sa piété surtout se fortifia dans cette sainte et paisible retraite. La dévotion au Sacré-Cœur de Jésus, particulièrement en honneur dans les pays anglais catholiques, jeta des racines plus profondes dans son âme, pendant ce séjour au milieu de religieuses toutes dévouées à ce divin Cœur. Celles-ci admirèrent tout particulièrement aussi, dans leur élève, une tendre dévotion envers la Mère de Dieu, en même temps que l'amour le plus vif pour sa mère de la terre. Là, comme partout où elle avait passé, elle se fit aimer et regretter : les lettres que lui écrivirent les religieuses après son départ, et celle que la Révérende Mère Supérieure nous adressa à la nouvelle de la mort de leur ancienne et chère élève, en sont une preuve bien touchante. Cette dernière lettre résume l'éloge de Mlle Bry en trois mots : « Elle était foncièrement bonne, vertueuse et surtout très obéissante. »

CHAPITRE IX

Au commencement d'avril, « l'exilée » revint
dans sa patrie auprès de sa « petite mère chérie. »
Grande, immense, fut cette fois encore la joie de
se revoir. Son arrivée fut on ne peut plus agréable
et utile à sa pauvre mère fatiguée de porter toute
seule le poids et le tracas des affaires commerciales. Ces affaires n'étaient malheureusement
rien moins que brillantes. Plusieurs années
successives de mauvaise pêche avaient fait un
tort considérable, particulièrement aux petits
magasins. « La factrice de sa petite mère » avait
donc hâte de se retrouver auprès d'elle, tant pour
l'encourager que pour l'aider dans son travail.
La pauvre mère, semblable à Marthe, était remplie d'anxieuses sollicitudes ; sa fille, comme une

autre Marie qui avait choisi la meilleure part, élevait son cœur plus haut et encourageait sa mère par des pensées de foi, l'exhortait à « ne pas se préoccuper des biens de ce monde qui ne valent pas la peine qu'on s'y attache, après tout, » ajoutait-elle, « Dieu non seulement ne nous laissera pas manquer du nécessaire, mais permettra même que nous laissions du bien après nous. »

Mais elle ne se bornait pas au rôle de Marie, elle remplit aussi celui de Marthe. Ce n'étaient pas de vaines paroles que celles qu'elle avait adressées à sa mère deux ans auparavant : « Dans quelques mois n'auras-tu pas ta fille, qui travaillera jour et nuit s'il le faut ?... Ta fille n'est plus une enfant, ma petite mère, c'est une jeune fille raisonnable qui sait aimer sa mère et se dévouer pour elle. » Le moment était venu de montrer ce dévouement, « de travailler jour et nuit. » Pour augmenter les ressources, on se décida à confectionner des vêtements et des articles de lingerie. La vaillante jeune fille se mit à la tête d'un atelier de couture, et de concert avec sa mère, se chargea de former de petites apprenties couturières. Elle déploya à cette occasion un courage, une activité, une douceur et une patience admirables. En même temps qu'elle formait ses jeunes élèves et leur inspirait le goût du travail, elle s'efforçait de développer dans leur cœur l'amour de la vertu.

Souvent elle prolongeait, en compagnie de sa mère, le travail bien avant dans la nuit ; on faisait, de temps en temps et à tour de rôle, une lecture édifiante ; c'était, pour l'esprit et le cœur, un aliment délicieux qui faisait oublier les fatigues de la journée.

D'autres fois, pour se délasser des travaux ordinaires, Marie-Élisabeth s'occupait d'ouvrages de fantaisie dans lesquels elle excellait ; elle brodait et faisait de la tapisserie, etc. ; surtout ouvrière active et infatigable elle ne perdait jamais une minute. Elle faisait marcher de pair les occupations du commerce avec le travail des mains et le soin du ménage. Dans tout ce qu'elle entreprenait, on pouvait remarquer un ordre, une propreté, une exactitude et un fini parfaits ; elle ne souffrait pas qu'un travail fût fait à demi ou négligemment. Son adage était : « Ce qui vaut la peine d'être fait, vaut la peine d'être bien fait. »

Une nouvelle et pénible épreuve s'ajoutant à tant d'autres, allait causer de cruelles angoisses à sa tendresse filiale. Mme Bry, vers cette époque, tomba dangereusement malade. Il serait impossible de décrire les mortelles inquiétudes par lesquelles passa cette fille aimante, tant que sa mère fut en danger. Elle lui prodigua les soins les plus empressés, les plus dévoués, les plus affectueux. Rien ne pouvait lasser son courage ni ses forces ; la nuit comme le jour elle était au chevet de sa bonne mère. Tandis que sa tendresse filiale procurait à cette mère chérie tous les soins du corps, tous les adoucissements possibles, ce même amour filial secondé par une charité surnaturelle se préoccupait tout particulièrement des secours à procurer à son âme. Non contente de prier elle-même pour le rétablissement de sa chère malade, elle fit offrir le saint sacrifice de la Messe à son intention ; elle lui procura de plus les secours religieux ; puis, pleine de confiance et de sainte résignation, elle remit entre les mains de son Père céleste le sort de cette existence si chère à tant de titres. Sa confiance ne fut pas trompée ; peu à peu la santé de la malade revint ; mais les inquiétudes, si naturelles dans un cœur comme celui de Mlle Bry, ne cessèrent complètement que lorsque sa mère put quitter sa chambre. Alors, après avoir placé la convalescente dans un fauteuil, ne se possédant plus de joie, elle exprimait ainsi son contentement : « Au moins je puis dire maintenant qu'il y a quelqu'un dans la maison... Tu vas me donner des ordres, et tu verras comment ta fille sait obéir... »

Cependant la santé relativement forte de Mlle Bry, laissait à désirer depuis quelque temps. Tant de travail, de tracas, de sollicitudes et d'inquiétudes, ajoutés au manque d'exercice en plein air, avaient appauvri son sang. Une amie fit de vives instances pour la prendre chez elle, en dehors de la ville, dans un endroit réputé pour sa salubrité. Mme Bry, devant l'intérêt majeur de la santé de sa fille, finit par acquiescer à cette demande. Marie-Élisabeth jouit donc, pendant près de deux mois, de l'aimable et cordiale hospitalité si généreusement offerte. L'air frais de la montagne, des distractions variées, de nombreuses promenades, le charme et les douceurs de la plus sincère amitié, produisirent bientôt une heureuse réaction sur sa santé fatiguée.

Pendant tout ce temps, elle ne passa guère de jour sans venir en ville, voir et embrasser « sa petite mère chérie »; sans cette consolation elle n'eût pu se résigner à s'éloigner d'elle.

Vers le milieu de l'année 1882, les affaires commerciales, au lieu de s'améliorer, arrivèrent à une espèce de crise. Il fallait trouver au plus vite une somme assez importante. Mme Bry ne pouvant se déplacer en ce moment, pour remédier à la situation, se vit forcée, à son grand regret, d'envoyer sa fille en France, pour arranger certaines affaires de famille, dont il était urgent de s'occuper pour satisfaire un créancier sans entrailles. Le bruit se répandit tout aussitôt, à Saint-Pierre comme à Granville, que c'étaient les intérêts du mariage projeté qui précipitaient ce départ. Rien n'était plus contraire à la vérité; mais n'ayant pas à faire connaître le vrai motif de cette détermination, on laissa les commentaires suivre leur cours.

Mlle Bry partit donc de Saint-Pierre, vers la fin du mois de septembre, après avoir placé son voyage sous la protection de Dieu par la réception des Sacrements et s'être recommandée à celle qu'elle appelait, dans son langage gracieux : « *Notre-Dame des Flots.* » Elle en agissait toujours ainsi en pareille occurrence. Elle charma les loisirs de la traversée, en employant une bonne partie de son temps à s'entretenir avec sa « petite mère » ; jour par jour elle notait les incidents saillants du voyage, mais surtout elle confiait au papier les ennuis et les tristesses de son cœur, obligé encore une fois de vivre loin de celle qu'il aimait par dessus tout en ce monde. Nous regrettons vivement que ce journal, sans doute bien intéressant, ait été perdu.

Arrivée en France, elle voit les difficultés, les contrariétés se succéder, s'accumuler. La pauvre enfant ne peut faire avancer en rien les affaires qui ont motivé son prompt départ. Sa santé se ressent du contre-coup de tant et de si pénibles émotions ; elle fait une maladie qui dure plusieurs mois. A ces diverses épreuves viennent bientôt s'ajouter d'anxieuses préoccupations au sujet de sa mère qui doit venir la rejoindre : « Depuis que je suis arrivée », écrit-elle à sa grand-mère, à la date du 29 novembre, « des tempêtes sévissent presque continuellement sur la Manche. Je t'assure que je ne dors guère, lorsque j'entends le vent souffler avec violence ; car je pense qu'en ce moment ma pauvre mère est peut-être exposée sur les flots. »

Ces préoccupations devinrent bientôt de vives inquiétudes. Depuis quelque temps déjà, non seulement Mlle Bry n'avait reçu aucune nouvelle de sa mère, mais l'époque où celle-ci devait arriver en France était passée depuis longtemps. Il n'en fallut pas davantage pour compromettre de plus en plus la santé déjà altérée de Marie-Élisabeth.

Dieu semble se plaire parfois à poursuivre certaines âmes, par les épreuves les plus pénibles, les tortures les plus cruelles, à leur fermer toutes les issues par lesquelles elles voudraient fuir, afin de les forcer, en quelque sorte, à se retourner vers Lui, pour se précipiter amoureusement dans ses bras. Nous voyons souvent cette conduite de la divine Providence dans la vie de Mlle Bry.

Tandis que tout paraissait s'élever contre elle pour la jeter dans le désespoir, sa confiance en Dieu, qui la soutenait, lui dicta ces paroles de résignation : « Enfin, je remets tout entre les mains de Dieu. » Touché de ces pieuses dispositions de son enfant, le Père céleste mit en partie fin à l'épreuve. Après toutes ces cruelles anxiétés, la malade se trouva au comble du bonheur de voir arriver sa pauvre mère pour s'asseoir à son chevet, et lui prodiguer des soins que la tendresse et le dévouement d'une mère rendent doublement efficaces. Une heureuse réaction dans l'état de la malade se déclara presque aussitôt : « L'arrivée de maman, » écrit la petite-fille à sa grand-mère, à la date du 15 janvier 1883, « n'a pas peu contribué à hâter ma guérison. Elle a fait un beau voyage ; probablement que ce sont tes bonnes prières qui lui ont valu cette belle traversée... Je pense que tu dois commencer à t'habituer à l'absence de ta petite-fille, quoique cela t'ait coûté beaucoup de la voir partir. Tu me déchirais le cœur, le jour de mon départ, sur le quai, et j'aurais bien donné de ma vie pour t'épargner cette douleur dont j'étais la cause... J'espère qu'à l'église tu n'oublies pas ta petite-fille absente ; prie toujours bien le bon Dieu pour elle ! »

Durant le séjour de Mlle Bry en France, on eut la pensée de donner suite au projet de mariage dont nous avons déjà parlé. Douée d'une remarquable prudence, Marie-Élisabeth n'agissait pas à la légère, et dans une question de cette importance encore moins que dans toute autre. Elle était, il est vrai, fiancée déjà au jeune homme qui prétendait à sa main ; mais ce n'était pas là un engagement irrévocable. Elle examina donc à nouveau et avec la plus grande maturité cette importante affaire. De son côté, le jeune homme avait toutes sortes de qualités d'esprit et de cœur pour plaire; il occupait une place, sinon bien lucrative, du moins très honorable, il était professeur de l'Université; sa position promettait de s'améliorer, il pouvait compter sans présomption sur un prochain avancement... Son cœur était tout porté en faveur de celle dont il avait eu hâte de s'assurer la main, cinq ans auparavant.

Combien de jeunes filles se seraient empressées de conclure au plus vite une telle union, au risque de regretter amèrement un jour leur précipitation! — Il n'en fut pas ainsi de Mlle Bry. Aux mûres délibérations de son esprit, elle ajouta la prière, pour attirer la lumière divine sur une question qui semblait devenir de plus en plus obscure. En outre, elle demanda avis à celle que Dieu avait placée à côté d'elle pour la conseiller et la diriger. Mais plus elle examinait, priait le Ciel et consultait sa mère, plus elle doutait que la volonté de Dieu se prononçât pour une union vers laquelle, toutefois, son cœur se sentait toujours incliné. La chose resta donc indécise pour le moment...

Le temps, cependant, était venu pour Mme Bry de s'occuper sérieusement de son retour à Saint-Pierre: elle fit avec sa fille le voyage de Paris, et il fut convenu qu'on s'embarquerait aussitôt après. Cependant le projet de mariage restait toujours en suspens ; ce fut seulement à Saint-Pierre, quelque temps après, que la lumière se fit complètement dans l'esprit de Mlle Bry ; comprenant enfin que cette union n'était pas dans les vues de Dieu, elle y renonça, quoi qu'il dût en coûter à son cœur. Dans les desseins de la divine Providence ses jours étaient comptés, il lui restait à peine encore deux ans à passer sur cette terre d'exil. Dieu dans sa bonté voulait lui faciliter les moyens de devenir de plus en plus parfaite, sainte et agréable à ses yeux. « Car, dit l'Apôtre, la femme non mariée et la vierge a ses pensées aux choses du Seigneur, afin d'être sainte de corps et d'esprit ; mais celle qui est mariée a ses pensées aux choses du monde, comment elle plaira à son mari. » (I Corinth., vii, 34.) Nous verrons comment cette remarque de saint Paul se justifia dans le reste de la vie de Mlle Bry.

CHAPITRE X

Pour la deuxième fois Mlle Bry arrivait à Saint-Pierre le beau jour de Pâques; mais cette fois, les glaces qui avaient envahi la rade et s'étaient jetées contre toutes les côtes de l'île empêchèrent, pendant trois jours, le débarquement. Le retour de Marie-Élisabeth causa une surprise générale; de toutes parts on commentait l'affaire de son mariage rompu ; les suppositions les plus bizarres étaient colportées de bouche en bouche. Cependant, chose digne de remarque, et assez rare dans ces circonstances, la bonne réputation de Mlle Bry était tellement bien établie, qu'elle ne souffrit en rien de ces différents commentaires. Marie-Élisabeth reprit son train de vie habituel. Ce qui frappa le plus en elle, à partir de ce moment, ceux qui la voyaient de près, ce fut un détachement de plus en plus complet du monde et une expansion plus grande de sa piété. Son cœur, entièrement détaché de toute affection terrestre, prit un plus libre essor vers son Dieu, qu'elle se sentira désormais portée, plus vivement et plus irrésistiblement que jamais, à aimer de toutes les forces de son âme.

Nous réservons de plus amples détails sur cette époque importante de sa vie, pour le moment où nous retracerons sa piété. Semblable à un soleil d'automne, qui darde ses plus chauds rayons pour hâter la complète maturité d'un beau fruit déjà menacé des premiers frimas de l'hiver, ainsi la grâce divine se hâtait, en quelque sorte, de réchauffer, de vivifier et de mûrir les saintes dispositions de cette pieuse jeune fille, avant que la mort n'étendît sur elle son bras glacé.

De nouvelles et bien cruelles épreuves allaient fondre encore sur Mlle Bry. Les épreuves, ne l'oublions pas, sont, dans les desseins de Dieu, comme le creuset où Il purifie les âmes et les dégage des imperfections, des scories du péché; elles sont considérées, à bon droit, comme des marques de sa bonté.

Nous avons déjà parlé de la vive affection qu'elle portait à son oncle, M. Pierre Bry. Elle retrouvait en lui l'image, la bonté même de son père; aussi, avait-elle reversé sur lui l'amour tendre et fort qui avait fait palpiter son cœur pour l'auteur de ses jours. Au moment où elle s'y attendait le moins, la fatale annonce de la mort de cet oncle chéri tomba sur elle, comme un coup de foudre, dans le mois de juin 1884. Le choc fut tellement douloureux, qu'on eut d'abord les plus vives inquiétudes sur son état. Mme Bry passa presque toute la nuit à côté de sa fille atterrée par cette terrible nouvelle, lui prodiguant des soins et s'efforçant de la consoler. Mais laissons Marie-Élisabeth rendre compte elle-même à ses tantes et à sa cousine, de l'effet douloureux que ressentit son âme, et admirons avec quel esprit de foi elle se résigne et exhorte à la résignation ses parentes accablées sous le même coup cruel :

Saint-Pierre, le 8 juin 1884.

« Mes bien chères tantes et cousine,

« Le coup qui nous frappe est bien terrible; lorsque j'ai reçu votre lettre quelque chose s'est brisé dans mon cœur, j'ai cru que j'allais mourir; mais non, il faut vivre encore pour mourir mille fois. Cette nouvelle était si imprévue, nous ne savions pas mon pauvre oncle si malade, et jamais nous n'aurions supposé un pareil malheur possible.

« Que de douleurs, mes pauvres chères, et que

celle-ci m'est pénible ! Je ne puis le croire, il me semble que je suis le jouet d'un affreux cauchemar. Lui, mon pauvre oncle chéri, qui, par son amitié, remplaçait pour moi le père que j'ai perdu ! Cette mort me frappe au cœur, et je comprends maintenant toute la profondeur de mon amitié pour lui. Inutile de vous dire la part que maman prend à cette douleur; elle pleure en lui un frère et un père bien-aimé.

« Tâchons de nous résigner, mes pauvres chéries, sous la main puissante de Dieu qui nous frappe pour nous détacher de la terre; nous l'aimerions trop cette pauvre terre, s'Il ne nous enlevait nos meilleurs amis, pour nous donner le désir d'aller les rejoindre. Toutes ces croix sont bien lourdes, et nous en avons de toutes sortes. Je voudrais vous consoler, ce m'est impossible; je me trouve si malheureuse moi-même.

« Dans la prière seule on trouve quelque adoucissement à des maux si grands. Ma chère Marie, écris-moi, donne-moi des détails sur la maladie et la mort de ton père. C'est peut-être cruel de ma part de te demander cela; mais non, on trouve du soulagement à verser dans le cœur d'une sœur le trop-plein de sa souffrance. Dis-moi comment va votre santé; la mienne est bien mauvaise.

Maman se joint à moi pour embrasser tantes et cousine, et leur souhaiter le courage dont nous avons toutes besoin. Grand'mère prend part à notre douleur.

« Mes plus sincères affections à vous toutes.

« Ta sœur de cœur,

« MARIE BRY. »

« *P. S.* — Cette semaine nous avons une messe chantée pour le cher absent, et ce matin on l'a recommandé à la grand'messe. Tout cela me navre, je ne puis le croire... Informe-toi, chère Marie, des jours du courrier, pour que je reçoive plus vite de tes nouvelles. C'est ta présence qu'il me faudrait, ma chérie, afin de mêler mes larmes aux tiennes. Hélas ! je suis toujours loin quand il arrive un malheur ; plus heureuse que moi, dans ton malheur même, tu as pu recueillir le dernier soupir de ton père.

« Encore une fois je t'embrasse ; prie beaucoup, tu souffriras moins. Si la douleur que je ressens peut adoucir la tienne, sois sûre qu'elle est grande et profonde.

« MARIE. »

Le 5 juillet elle écrit derechef :

« Ma bien-aimée Mariette, comment se fait-il que nous n'ayons pas reçu de lettre de vous, depuis l'affreuse nouvelle ? Je suis inquiète... Écris-moi au plus vite, ma chère affligée, pour me rassurer sur votre santé à toutes trois, et m'apprendre comment vous supportez ce nouveau et grand malheur. Il n'y a qu'en Dieu que l'on puisse trouver le remède à de si grands maux; sans la foi, sans la religion, ce ne serait pas la peine de vivre; car qui nous consolerait de l'absence irrémédiable de nos chers défunts? Tu dois plus que jamais comprendre ces grandes vérités, ma chérie; on ne les goûte jamais mieux que lorsque le cœur ploie sous quelque grande douleur. Je l'ai ressenti et je le ressens chaque jour.

« Ma chère Marie, te parlerai-je de nous? Notre vie est si triste, si morne, que je n'ai pas grand' chose à en dire. J'aurais tort de me plaindre cependant; car je suis mieux, beaucoup mieux, presque guérie.

« Maman se joint à moi pour vous embrasser toutes et pour vous dire qu'à chaque instant du jour nous pensons à vous. A bientôt, ma chérie, vite de vos nouvelles.

« Pour toujours votre nièce dévouée et sœur aimante,

« Marie Bry. »

A la date du 3 août, n'ayant pas encore eu de réponse elle écrit de nouveau :

« Ma chère Marie, voici la quatrième fois [1] que je t'écris depuis que tu nous as annoncé la triste nouvelle, et je n'ai encore rien reçu. Que signifie ce silence? Je ne puis croire que vous nous

---

1. La troisième lettre a été égarée.

oubliiez, et d'un autre côté je me demande quelle raison peut vous empêcher de nous écrire. En ce moment plus que jamais nous aurions besoin de savoir ce que vous faites et comment vous vous trouvez. Quelqu'une de vous serait-elle malade? Voilà la question que je me pose vingt fois par jour, ma chère Marie, et que je te prie de résoudre au plus tôt. Je suis si habituée à ne voir que des tristesses et des chagrins autour de moi, que je suis toute disposée à me mettre martel en tête. »

Quelques jours après une lettre de sa cousine la tire d'inquiétude, et lui fournit l'occasion de manifester encore ses vifs regrets au sujet de la mort de son oncle chéri; nous citons de nouveau :

Saint-Pierre, le 17 août 1884.

« Ma chère Marie,

« Enfin, une longue lettre de toi est venue rasséréner un peu nos esprits troublés et inquiets; nous craignions que quelqu'une de vous ne fût malade, et lorsqu'on est porté à la tristesse, l'imagination se forge de suite mille chimères. Je te remercie de m'avoir donné des détails sur la maladie de notre *cher absent,* quoique cela ait dû te coûter, ma bonne chérie. Ainsi donc, au moment où je le croyais mieux, presque guéri, ce cher oncle était très mal et ne sortait plus de

sa chambre. Tristes ennuis de l'absence : on s'inquiète lorsqu'il ne le faudrait pas, et l'on est
calme et tranquille alors qu'on aurait de si justes
sujets d'inquiétude.

« Je te l'ai déjà dit, c'est une douleur de plus
pour moi, que ces morts dans l'absence. Ne pas
être là pour leur prodiguer mes soins, mes amitiés, recueillir leurs derniers sourires et leurs
dernières paroles ! Vois-tu, ma chérie, il faut être
loin pour comprendre ce qu'est cette souffrance.
Puis-je croire que je l'ai vu pour la dernière fois
ce cher oncle, cette journée de la Roche-Bernard
que tu me rappelles ? Je m'explique maintenant
ce déchirement de cœur que j'ai ressenti en le
quittant.

« Nous aussi, nous désirerions être près de
vous, chères amies ; notre amitié tâcherait, s'il se
peut, d'adoucir votre douleur, et le fardeau partagé
serait moins lourd. Nous le partageons, certes,
de loin, et cette peine est nôtre ; mais nous avons
en plus les chagrins de l'absence. Enfin résignons-nous...

« Ta cousine bien dévouée et ta sœur d'affection,

« MARIE BRY. »

Cependant la santé de Mlle Bry, bien éprouvée
depuis plus de deux ans, et vivement ébranlée par
le dernier choc, chancelait toujours. Voici ce
qu'elle en dit à sa cousine le 3 août 1884 : « Te

parlerai-je de ma santé, ma bien chérie, de cette pauvre santé si faible, si chancelante et qui se ressent aussi de ce coup. Je suis comme un pauvre roseau bien frêle qui se penche ou se redresse suivant que le vent de l'affliction ou de la joie l'incline ou lui permet de lever la tête. Le roseau est souvent courbé. » Une autre fois elle ajoute : « Ma santé se raffermit; je vous le dis bien vite, sans trop savoir si cela durera. »

Sa pauvre santé avait bien besoin, en effet, de se raffermir, pour pouvoir supporter une nouvelle épreuve bien affligeante pour son cœur, et extrêmement fatigante pour son corps. Vers la fin du mois d'octobre 1884, Mme Bry tomba de nouveau dangereusement malade. On essaierait en vain de décrire le désespoir de sa fille. Pour la troisième fois, elle se vit sur le point de perdre celle qui était tout pour elle sur la terre, qu'elle aimait plus qu'elle-même, comme elle le lui disait souvent. Par deux lettres, dont nous citerons les extraits plus loin, elle nous apprend que Dieu, tout en n'exigeant pas, de fait, l'accomplissement réel du plus grand des sacrifices, avait cependant demandé et obtenu que sa tendresse filiale fût résignée à Lui faire le sacrifice de cette mère tant aimée. De plus, nous avons de sérieuses raisons de croire, avec les personnes qui ont connu le plus intimement Mlle Bry, que, pour conjurer un tel malheur, elle eut recours à un moyen suprême, héroïque, en poussant le dévouement filial jusqu'à offrir à Dieu sa propre vie pour sauver celle de sa mère.

Sa grand'mère, trois mois après, se dévouera de cette sorte pour sauver la vie de sa petite-fille; mais dans ce dernier cas Dieu n'acceptera pas le sacrifice.

Quelque immense que fût la douleur de Marie-Élisabeth, elle n'en laissa rien paraître à sa mère. Une parente de Miquelon, témoin de la douleur de sa nièce, s'exprime ainsi : « Je ne pouvais voir sans être vivement émue, la pauvre enfant pleurer souvent amèrement à l'écart, puis, s'essuyant les yeux et le visage, se rendre auprès de sa mère affectant un air rassuré, presque souriant, et lui prodiguer les soins les plus dévoués, les plus affectueux. » Tant que dura cette maladie, Marie-Élisabeth, sans cesse inquiète, ne permettait à personne de la remplacer auprès de sa chère malade. Tout, médicaments, nourriture, boissons, devait passer par ses mains, comme si sa tendresse filiale, en administrant elle-même les différents remèdes, eût pu y ajouter une vertu mystérieuse et efficace de guérison.

Pendant les longues semaines que dura cette cruelle maladie, Mlle Bry fit elle-même le service du magasin; cent fois par jour elle descendait et remontait l'escalier, passant tout le temps disponible à côté de sa mère souffrante; la nuit, lorsqu'elle prenait un peu de repos, au moindre mouvement qu'elle entendait faire à sa mère, elle était rendue auprès de son lit. Mme Bry, craignant de voir sa fille succomber sous tant de fatigues, insistait pour la faire se reposer : — « Oh! la belle affaire qu'un peu de fatigue, repartit celle-ci, quand tu seras guérie, j'aurai tout le temps nécessaire pour me reposer. »

Enfin, après les plus vives inquiétudes, Mlle Bry fut au comble du bonheur de voir sa mère entrer en convalescence. Voici ce qu'elle écrivit à sa cousine : « Ma chère Marie, depuis ta dernière lettre j'ai eu bien des soucis et des inquiétudes; ma pauvre maman a été bien malade, et elle est restée trois semaines sans bouger de son lit. Te dire les inquiétudes que j'ai éprouvées près de ce lit de douleur, est impossible. Je me voyais déjà complètement orpheline et... mais je n'ose y penser, et je me tourne de son côté pour m'assurer qu'elle est bien là près de moi, cette mère chérie... Elle lit pendant que je t'écris; c'est te dire qu'elle est bien mieux; il n'y a plus maintenant qu'un peu de faiblesse à combattre. » (Lettre du 22 décembre 1884.)

Cette épreuve n'était pas la dernière réservée à Mlle Bry, vers la fin de sa vie, tout particulièrement féconde en épreuves de tout genre. Dieu, semblait-il, se plaisait à arracher violemment, l'une après l'autre, toutes les fibres de ce cœur, dont la sensibilité était extrême. Elle eut à déplorer un nouveau deuil de famille, dans la mort subite d'une parente bien-aimée. Nous n'avons pu nous procurer la lettre qu'elle adressa à cette occasion à sa jeune cousine, si inopinément privée de sa mère. Les lignes suivantes si pleines de douloureuse émotion et de cordiale condoléance, sont empruntées à un brouillon incomplet et nous font vivement regretter la perte de cette lettre :

Saint-Pierre, le 22 décembre 1884.

« Ma chère Noémi,

« Te peindre le saisissement que nous avons éprouvé à la lecture de ta lettre si pleine de tristesse, est impossible. Il ne nous arrive que des lettres de deuil cette année : au mois de juin, c'était la mort de mon cher oncle Pierre, et maintenant c'est celle de ma pauvre cousine, mort si subite et si douloureuse pour toi ! Crois bien, ma chère Noémi, que je partage ta douleur et que je la comprends; moi, si éprouvée de toutes manières, je dois plus que d'autres compatir à tes souffrances. En ce moment surtout que maman vient de faire une longue maladie, mais bien plus encore, il y a une quinzaine de jours, alors qu'elle était très malade, j'ai passé en esprit par toutes les sensations et toutes les douleurs que tu as traversées réellement. Que tu as dû souffrir, ma pauvre Noémi, et que je comprends bien que tu ne puisses croire encore à un semblable malheur! Mais que faire dans cette cruelle affliction? sinon nous humilier et nous résigner sous la main puissante de Dieu qui nous frappe, pour nous détacher de plus en plus de tout ce qui n'est pas Lui-même... »

On était arrivé à la fin de l'année 1884. Nous avons déjà vu quelle importance Mlle Bry attachait aux souhaits de bonne année qu'elle devait offrir à ceux qui lui étaient chers, et particulièrement à sa « petite mère. » Le moment était venu de s'acquitter, pour la dernière fois, de ce devoir si doux à sa tendresse filiale.

La veille du premier de l'an, les vœux de bonheur étaient le sujet de la conversation intime entre la mère et sa fille : « Il faut que je te souhaite », lui dit celle-ci, « cette nouvelle année bien bonne et bien heureuse ; malgré cela, cependant, on ne sait pas ce que le bon Dieu nous réserve pour 1885. » Mme Bry, de son côté, avait l'habitude d'offrir ses meilleurs souhaits à sa fille. Il était convenu entre elles que le moment solennel de formuler ces vœux serait après minuit au premier réveil. C'était à qui préviendrait l'autre : l'amour maternel allait entrer en lice avec l'amour filial. Ce dernier remporta la palme. Le désir de se procurer cette légitime satisfaction empêcha Marie-Élisabeth de fermer les yeux. Au premier coup de minuit elle s'écria : « Maman, je te souhaite l'année bonne et heureuse. » Puis, joyeuse de son stratagème, elle ajouta en riant : « Ah ! tu vois, je t'ai attrapée ! »

Maintenant, pour que personne ne puisse accuser la divine Providence, répondons à cette question : Ces vœux si sincères se sont-ils réalisés ? Aux yeux de la chair, non ; il ne peut exister un plus grand malheur pour une mère que de se voir arracher plus que la vie, en perdant son enfant unique. Aux yeux de la foi, nous n'hésitons pas à répondre oui ; les souhaits de bonheur et les prières de la pieuse enfant ont été exaucés : on ne peut considérer comme une année malheureuse, celle où elle est allée recevoir la récompense de ses vertus au ciel, où elle est devenue, plus que jamais, l'ange consolateur et tutélaire d'une mère obligée de prolonger les combats et les gémissements dans cette vallée de larmes.

Vers cette même époque, Mlle Bry, écrivant à sa « chère Mariette », se plaint de l'ennui qu'elle éprouve d'avoir à faire des lettres de refus de mariage. Ce même ennui elle a dû le subir plusieurs fois déjà auparavant, depuis son retour de France particulièrement. Presque en même temps, des démarches furent faites, d'un autre côté, tendant à une union vers laquelle son cœur se sentait peut-être tout d'abord incliné. Dans ce dernier cas, entre autres considérations de nature à solliciter de sa part un consentement, s'étalait la douce perspective de rester avec sa « petite mère chérie ». En épousant au contraire le professeur de l'Université, dont il a été question, cette espérance lui était indéfiniment enlevée ; car sa mère ne pouvait se dégager des affaires commerciales qui la retenaient à Terre-Neuve. C'est là, nous l'avons vu, une des principales raisons qui avait fait échouer ce premier projet de mariage. Aussi, après son retour de France, Marie-Élisabeth avait dit à sa mère comme pour lui manifester un regret : « Je ne t'abandonnerai plus jamais désormais, petite maman. »

D'un autre côté, s'éloigner des lieux où reposaient les restes d'un père si vivement regretté, eût été un sacrifice trop pénible pour cette enfant aimante : « Mon seul désir, ma Mariette chérie, » écrit-elle à sa cousine à la date du 26 novembre 1884, « serait que nous fussions toutes réunies ; mais c'est là un désir irréalisable. Une tombe vous retient là-bas, comme une tombe nous retient ici, et il est probable que nous ne quitterons jamais Saint-Pierre.

« Ces projets d'avenir, si longtemps caressés, sont maintenant à l'état de néant, et, si je me marie jamais, ce sera dans notre île ; mais je suis loin d'y songer. Dans ce monde, ma très chère, *l'homme propose et Dieu dispose* ; il n'y a qu'à

8*

se soumettre à sa très sainte volonté, quelque déchirement que l'on éprouve, et à s'en remettre à une Providence qui ne nous fera jamais défaut. »

Pour mettre en pratique son principe : « Il n'y a qu'à se soumettre à la très sainte volonté de Dieu, » Marie-Élisabeth voulut savoir ce que Dieu demandait d'elle dans les circonstances présentes. A cet effet, elle commença une neuvaine, au mois de janvier, « pour connaître sa vocation », comme elle disait. Chaque soir, entre quatre et cinq heures, elle se rendait à l'église, cherchant à s'éclairer par la prière. Les lumières qu'elle sollicitait n'allaient pas tarder à luire à ses yeux. A peine eut-elle achevé sa neuvaine, qu'elle put voir, à l'horizon, dans les symptômes d'une maladie grave, comme les premières lueurs, qui, se transformant bientôt en une éclatante lumière, lui montrèrent avec la dernière évidence les vrais desseins de Dieu sur elle. Son cœur n'était pas fait pour un époux terrestre. Dieu se l'était réservé exclusivement. L'heure de l'épreuve suprême, l'heure finale du sacrifice de la vie allait bientôt sonner.

Mais avant de raconter les détails édifiants des derniers instants de Mlle Bry, arrêtons-nous, et, par l'examen des vertus qui ont rempli sa courte existence, cherchons à pénétrer plus intimement dans cette âme d'élite.

CHAPITRE XI

VERTUS CARDINALES PRATIQUÉES PAR Mlle BRY.

SA PRUDENCE.

Pour donner une vue d'ensemble de la pieuse vie de Mlle Bry, nous ne pouvons rien faire de mieux, ce nous semble, que de montrer comment elle a pratiqué les vertus cardinales. Ces vertus, on le sait, sont comme les gonds sur lesquels tourne toute la vie chrétienne; l'édifice de nos bonnes œuvres s'appuie sur elles comme sur un pivot. « La Sagesse, » c'est-à-dire l'Esprit-Saint, est-il dit dans la sainte Écriture, « enseigne la tempérance, la justice et la force, qui sont les choses du monde les plus utiles aux hommes dans cette vie. » (SAP., VIII, 7.)

« La prudence », dit saint Augustin, qui ramène toute la vie chrétienne à l'amour de Dieu, « est l'amour qui discerne avec sagacité ce qui peut nous aider à tendre vers Dieu et ce qui peut nous éloigner de lui. »

Mlle Bry s'est fait remarquer dès son enfance par un esprit attentif, réfléchi et exceptionnellement sérieux. Avant d'agir, elle délibérait avec elle-même, pesait attentivement toutes choses, examinait le pour et le contre. Mais après de mûres délibérations, accompagnées, dans les circonstances importantes, de prières, de neuvaines et de communions, une fois qu'elle avait vu clairement la voie à suivre, rien au monde ne pouvait l'en faire dévier. La fermeté de sa décision et la vigueur de l'exécution n'avaient d'égale que la maturité de la délibération.

D'après saint Thomas la prudence consiste en huit parties [1]. Cette vertu, dans la vie de Marie-Élisabeth, nous semble conforme aux principes du Docteur angélique.

Une *mémoire* naturellement très heureuse et une *intelligence* d'une vigueur, d'une profondeur peu ordinaires, et qui de plus était éclairée par la grâce divine sollicitée dans de ferventes prières, dictaient à Mlle Bry les règles de la plus sage prudence.

Par sa *docilité*, semblable à celle de l'enfant le plus souple, elle sut éviter la plupart des écueils où tant d'autres âmes font chaque jour

---

1 La mémoire, l'intelligence, la docilité, la sagacité, le jugement, la prévoyance, la circonspection et la précaution. *Summ. theolog.*, secunda secundæ, quæstio XLIX, artic. 1.

de si tristes naufrages. Cette docilité était en elle
d'autant plus parfaite, que son humilité lui rappelait ces paroles du Sage : « *Ne vous appuyez
pas sur votre propre prudence, et ne faites rien
sans conseil.* » (ECCL., XXXII, 24.) Elle avait en
particulier un soin scrupuleux à mettre fidèlement en pratique les avis et les recommandations
de celui qui était chargé de diriger son âme; il
était pour elle le représentant de Dieu lui-même,
possédait son entière confiance, avait droit à la
plus complète docilité de sa part. « Il n'y a pas
de danger », disait-elle familièrement à une de
ses parentes avec laquelle elle était très intime,
« que jamais j'entreprenne quelque chose d'important avant d'en avoir demandé avis à mon confesseur. » Et ce qu'elle pratiquait elle-même,
elle le conseillait aux autres, les engageant vivement à suivre la même règle. Que de faux pas
seraient évités, que d'amers regrets on s'épargne-
rait en suivant cette même loi de la prudence !

A la docilité Marie-Élisabeth joignait la *sagacité*, qui lui faisait discerner la conduite à suivre,
principalement dans les circonstances où elle ne
pouvait consulter, et qui lui permettait de démêler
le vrai du faux sous le couvert de raisons plus ou
moins spécieuses. Plus d'une fois, là où des esprits moins prudents ne voyaient que des avantages, sa perspicacité découvrait des inconvénients
sérieux et parfois signalait de graves périls. Sou-

vent, entre autres faits, on avait insisté auprès d'elle pour la décider à prendre un abonnement au *Skating-Rink*, et, afin de l'y déterminer, on mettait en avant l'intérêt de sa santé, à laquelle les distractions et l'exercice du patinage étaient nécessaires. Elle souriait de la naïveté de cette proposition ; elle considérait avec raison que l'attrait principal des réunions du *Rink* était le mélange des deux sexes. Une fine pointe d'ironie dont elle assaisonna sa remarque en fit ressortir plus clairement encore la justesse : « Établissez, dit-elle, un *Rink* pour les jeunes gens et un autre réservé aux jeunes filles, et nous verrons si l'entraînement général va continuer de la même manière, et si ce remède tant prôné pour remettre les santés fatiguées va conserver sa merveilleuse efficacité. »

Le *jugement* de Mlle Bry était des plus sûrs. Habituée dès son bas âge à réfléchir, et surtout à considérer les choses à la lumière de la foi, elle faisait paraître une raison dont la rectitude a souvent frappé les personnes qui vivaient dans son intimité.

A ces différentes qualités de la prudence elle joignait une grande *prévoyance,* selon ce précepte de l'Esprit-Saint : « *Que vos yeux regardent droit, et que vos paupières précèdent vos pas.* » (PROV., IV, 25.) Voyant de loin les dangers et les pièges tendus à son innocence, elle prenait d'avance les moyens propres pour les éviter.

La *circonspection* accompagnait la prévoyance et lui enseignait pratiquement ce que, vu les circonstances, il était opportun de faire. Grâce à cette sage circonspection, elle sut éviter, entre autres, les graves dangers de certaines réunions mondaines.

Et, lorsque dans l'une ou l'autre occasion elle ne pouvait se refuser à certaines invitations d'un caractère plus privé, elle s'entourait de multiples *précautions*. Par une sage réserve, par une vigilance sévère sur ses sens, elle élevait, entre son âme et le péril d'offenser Dieu, comme un mur de défense infranchissable à l'ennemi.

Voilà comment notre pieuse héroïne s'appliquait à pratiquer la prudence chrétienne. Hélas! cette vertu si nécessaire est à peine connue dans le monde, où trop ordinairement règnent l'inconsidération et la précipitation, qui, abandonnant les rênes à l'impétuosité de la volonté et de la passion, entraînent fatalement l'âme à sa perte. Puissent les beaux exemples de Mlle Bry diminuer le nombre des âmes victimes de leur imprudence !

CHAPITRE XII

La véritable prudence est rare, nous l'avons vu, la vertu de force l'est peut-être encore davantage. D'après saint Augustin, cette dernière consiste à affronter avec calme les dangers et à supporter patiemment les adversités. Elle est comme l'âme de toute vertu, de toute sainteté. Elle est donc d'une nécessité absolue pour le salut. C'est elle que le Sauveur avait en vue quand il disait : « *Le royaume des cieux souffre violence, et les violents le ravissent.* » (MATTH., XI, 12.)

Dans la force, nous pouvons distinguer avec le Docteur angélique [1] la *magnanimité*, la *pa tience* et la *persévérance*.

Une âme *magnanime* est douée d'une énergie, d'une force telle que la mort elle-même ne peut

---

1 *Summa theolog.* secunda secundæ, quæst. CXXXVIII, artic. 1.

l'abattre. Au point de vue surnaturel, c'est une âme où l'amour de Dieu règne en souverain. Or, telle était, pouvons-nous affirmer, l'âme de Mlle Bry ; le fait suivant en est une preuve évidente.

Une de ses cousines était atteinte d'une grave fièvre typhoïde. Mme Bry, craignant d'exposer sa fille au danger de contracter la maladie, lui avait d'abord refusé la permission de visiter sa parente. L'obéissance fut bien difficile dans cette circonstance. Mlle Bry avait, il est vrai, conscience du péril auquel elle s'exposerait ; elle ne pouvait se faire illusion sur ce point, après avoir suivi les terribles effets d'une longue épidémie de fièvre typhoïde, qui venait de moissonner la fleur de la jeunesse de Saint-Pierre ; mais l'appréhension de voir cette chère cousine emportée par le mal sans avoir reçu les secours de la religion, lui fit mépriser le danger.

La crainte instinctive de la mort avait travaillé l'imagination de la pauvre malade, et il lui semblait qu'elle mourrait nécessairement si elle se confessait et communiait au lit. Elle avait la plus grande confiance en sa cousine Marie-Élisabeth, et lui avait toujours témoigné le plus vif attachement. Ne fallait-il pas, à tout prix, user de cette influence pour assurer le salut d'une âme ? La simple pensée que d'un moment à l'autre sa chère cousine pouvait mourir sans confession, faisait frissonner Mlle Bry. « Et qu'importe le danger », se disait la courageuse jeune fille, « qu'importe ma santé, qu'importe même la vie de mon corps, lorsque l'âme de ma cousine risque de se perdre éternellement ? » Elle fit donc de nouvelles instances auprès de sa mère. « Si Dieu veut que j'aie la fièvre, lui dit-elle, je l'aurai, je me résigne d'avance à toutes les conséquences. »

Enfin la permission tant sollicitée fut accordée. Et, toute joyeuse, la pieuse jeune fille vole vers sa chère malade ; elle la supplie de mettre ordre à son âme, et après avoir d'abord éprouvé quelque résistance, elle a enfin le bonheur de voir ses vœux les plus chers exaucés. Nous saurons bientôt ce qui arriva. Un si beau dévouement toucha le cœur de Dieu. Celles qui s'étaient tant aimées durant la vie ne devaient pas être séparées par la mort : leurs corps reposent l'un auprès de l'autre au cimetière, et tout nous permet de croire que leurs âmes, inséparablement unies, jouissent du même bonheur au ciel.

La belle et noble conduite de Mlle Bry fut un effet de cette force chrétienne, de cette magnanimité qui brave courageusement les périls de la mort. Laissons les âmes vulgaires la taxer d'imprudence ; pour nous, nous sommes saisi d'admiration en présence de tant de force d'âme et de charité fraternelle. Voilà vraiment, et à un degré héroïque, cette charité par laquelle le Sauveur nous ordonne de nous aimer les uns les autres comme il nous a aimés. Or, nous savons qu'Il nous a donné cette suprême preuve de son amour : « *Personne ne peut avoir un plus grand amour que de donner sa vie pour ses amis.* » (Saint JEAN, xv, 12, 13.) C'est la maxime dont s'est ressouvenue, c'est l'exemple divin qu'a imité l'âme magnanime de Marie-Élisabeth. Et nous pouvons bien justement nous écrier ici : « *L'amour est fort comme la mort.* » (CANT., VIII, 6.)

A la magnanimité, Mlle Bry a ajouté la *patience*. Par cette dernière vertu, elle supportait courageusement, et avec une résignation toute chrétienne, les épreuves de cette terre d'exil et de larmes. Son admirable patience était comme une digue qu'elle opposait sans cesse aux flots pressés de la tristesse qui menaçaient de submerger son âme.

« La tristesse », — il s'agit de celle qui n'est pas excessive, et qui a pour fondement un mal physique ou moral, — dit saint Thomas [1] après saint Grégoire de Nysse, « est honnête, utile et méritoire. Ne pas s'attrister du mal présent, ce serait, ou ne pas avoir de sentiment, ou ne pas

---

[1] *Summa theolog.* prima secundæ, quæst. XXXIX, articul. 1. 2. 3.

considérer le mal comme mal. » Or, les motifs de tristesse pour Mlle Bry, nous l'avons vu, étaient bien nombreux et bien fondés. Sa vie relativement courte a été remplie tout entière, peut-on dire, par une suite non interrompue d'épreuves les plus diverses, et d'autant plus douloureuses qu'elles affectaient presque toutes le cœur, ce cœur doué d'une sensibilité si vive et si profonde.

Il n'est donc pas étonnant qu'elle semblât parfois fléchir sous un fardeau si pesant ; qu'elle ait, plus d'une fois, payé un tribut onéreux à la nature en versant des larmes amères ; que les traits de son visage, particulièrement dans les dernières années de sa vie, portassent l'empreinte de la souffrance et de la tristesse, et que, blessée aux épines de la tribulation, elle se soit parfois écriée dans le cercle intime de ses parents et de ses amis : « Oh ! que la vie est amère ! » Les saints n'ont-ils pas langui eux-mêmes dans cet exil ? n'ont-ils pas gémi, eux aussi, et arrosé de leurs pleurs cette vallée de larmes ?

Malgré tant d'afflictions Mlle Bry conservait habituellement un air paisiblement, nous dirions presque joyeusement résigné. D'où pouvait lui venir cette sérénité, ce calme, cette entière tranquillité, pendant que son âme se sentait comme bouleversée par l'épreuve ? Sans doute, elle avait une volonté fortement trempée pour dominer une nature qui ressentait vivement l'aiguillon de la douleur. Mais cela ne suffisait pas ; c'est dans son inaltérable patience qu'elle trouva le moyen d'affermir son cœur contre le chagrin. Cette patience elle-même était soutenue, et comme alimentée par son profond esprit de foi, et par son entière confiance en cette douce promesse du Sauveur qu'elle aimait à répéter : « *Heureux ceux qui pleurent, parce qu'ils seront consolés.* » (MATTH., v, 5.) Et saint Jacques lui avait enseigné le remède efficace contre toute tristesse : « *Quelqu'un parmi vous est-il triste, qu'il prie.* » (Saint JACQUES, v, 13.)

C'est surtout dans les grandes épreuves de la vie, lorsque la mort faisait le vide autour d'elle, que cette âme affligée cherchait, dans la prière, un adoucissement et un remède à son extrême douleur. Ce même remède, elle le conseillait aux personnes éprouvées comme elle. Qu'il nous soit permis de rappeler ici ces belles paroles qu'elle adressa à sa cousine pour la consoler de la mort de son père : « Dans la prière seule, on trouve quelque adoucissement à des maux si grands... Sans la foi, sans la religion, ce ne serait pas la peine de vivre, car qui nous consolerait de l'absence irrémédiable de nos chers défunts ? Tu dois plus que jamais comprendre ces grandes vérités, ma chérie ; on ne les goûte jamais mieux que lorsque le cœur ploie sous quelque grande dou-

leur : je l'ai ressenti et je le ressens chaque jour...
Prie donc beaucoup, tu souffriras moins. »

Mlle Bry cherchait et trouvait au milieu de
ses grandes afflictions, des consolations toutes
spéciales dans l'assistance aux offices de l'Église.
Aussi, dès l'âge de quinze ans, écrivant à sa bonne
grand'mère, elle dit : « La cloche des vêpres
sonne et appelle les fidèles aux pieds de l'Auteur
de toute consolation ; je suis heureuse de répondre
à sa voix. »

Cette patience, un des caractères les plus saillants de la vie si éprouvée de Mlle Bry, se traduisait par une conformité constante, par une résignation entière à la volonté de Dieu. A la terrible
nouvelle de la mort de son père, alors qu'elle
n'avait encore que douze ans, écrivant à sa
grand'mère, elle s'écrie : « Ah ! pourquoi la vie
est-elle si dure ? Pourquoi ceux que l'on aime
sont-ils enlevés à notre amour ! » La résignation
chrétienne lui suggère tout aussitôt la réponse :
« Mais Dieu le veut ainsi. » Non seulement elle
pratique elle-même la résignation, mais, comme
nous l'avons vu déjà, elle la prêche à des parentes
accablées en même temps qu'elle, sous une commune et cruelle épreuve. « Résignez-vous, mes
bien-aimées, sous la main puissante de Dieu, qui
nous frappe pour nous détacher de la terre. »

Elle aimait tout particulièrement, à l'occasion
d'une nouvelle épreuve, à réciter les litanies de

la résignation : « Mon Dieu ! mon Dieu ! encore une nouvelle peine, et après tant d'autres !..... Que cette croix m'est sensible, mon Dieu, qu'elle me paraît grande et terrible ! La grâce le veut, la nature ne le veut point ; c'est un combat déchirant... Donnez-moi la grâce de la résignation, etc. » Ces litanies finissaient ainsi : « On ne regrette pas d'avoir souffert quand on arrive au dernier moment. » Voilà le secret de la patience de Mlle Bry ; puisse-t-il servir à toutes les âmes affligées !

La pierre de touche d'une âme véritablement forte, c'est la *persévérance*. Persister tous les jours de la vie dans la vigilance, dans la lutte et dans la patience ; continuer jusqu'au dernier souffle, sans céder à la lassitude, à marcher dans le sentier rude et âpre de la vertu, l'unique chemin du ciel, voilà la preuve suprême de la force chrétienne, et en même temps le gage assuré de la prédestination.

La ténacité de volonté, ou la persévérance dans les affaires qu'elle entreprenait, soit pour le temps, soit pour l'éternité, était encore un des caractères frappants de Mlle Bry, en qui une extrême douceur s'alliait à une grande force d'âme. « Suavement et fortement, » tel était l'adage auquel elle est restée fidèle. Elle ne connaissait pas ces demi-volontés, « ces désirs qui tuent le paresseux. » Sa piété, sa ferveur n'était pas ce feu de paille qui jette un éclat passager, mais un grand et vaste foyer sans cesse ardent, sans cesse alimenté par la prière et la mortification. Sa vigilance, loin de se ralentir, devient plus active, à mesure que l'expérience lui signale des dangers plus nombreux et plus cachés. Sa lutte contre les ennemis extérieurs et intérieurs devient de plus en plus opiniâtre ; et lorsque la longueur et l'acharnement du combat exposeront son courage à de rudes épreuves, elle redoublera ses oraisons, sollicitera les prières des autres, ira puiser de nouvelles forces à la source des grâces, dans la réception des sacrements. Dans les doux entretiens de ses actions de grâces ferventes et prolongées, elle a sans doute entendu plus d'une fois la voix de son Sauveur répétant à l'oreille de son âme ces paroles qu'il adressa autrefois à l'ange de Smyrne : « *Sois fidèle jusqu'à la mort, et je te donnerai la couronne de la vie éternelle.* » (Apoc., II, 10.)

D'un autre côté, nous avons déjà touché légèrement ce point, Dieu, dans les desseins secrets de son amour pour une âme si fidèle, lui avait donné le pressentiment que cette vigilance et cette lutte quotidiennes, si pénibles à notre pauvre nature ne seraient pas de bien longue durée. A l'âge de dix-sept ans, parlant avec abandon à une de ses maîtresses, elle disait : « Parfois je pense que je mourrai jeune. » Souvent dans la suite elle dira à

ses amies, sur un ton bien convaincu : « Je ne
verrai pas trente ans. » Dans plusieurs de ses
livres de dévotion (restés dans l'état où elle les
avait laissés elle-même), nous avons trouvé un
double signet aux chapitres intitulés : « Préparation à la mort. » Cette pensée salutaire lui était
donc familière. Lorsque la vigilance appesantis-
sait les paupières de cette vierge sag᾽, lorsque la
fatigue l'invitait au sommeil du relâchement,
tout nous porte à croire que son oreille entendait
dans le lointain le premier murmure lui annonçant l'arrivée de l'Époux. « Encore un jour, »
aimait-elle à répéter, « encore un jour, et ce jour
est sur son déclin..... La vie n'est qu'un éclair...
demain tout sera passé..... Mais le trésor de
la souffrance portée avec amour demeure et se
change en couronne. »

Dans le chapitre qui traite de sa dernière maladie, on trouvera d'autres preuves frappantes de
cette force d'âme dont Mlle Bry nous a fourni un
si beau modèle. Puissent ses édifiants exemples
être de plus en plus imités, dans nos temps surtout, où nous sommes attristés par le spectacle
de tant de lâches compromissions, de tant de
honteuses défaillances en face du devoir et de
la conscience !

CHAPITRE XIII

Si la vertu de *force* pousse l'homme à entreprendre et à souffrir des choses auxquelles la faiblesse de sa nature l'invite à se soustraire, malgré la voix de la droite raison, la *tempérance* le détourne des choses qui flattent son appétit contrairement à cette même voix de la raison. La tempérance est donc une certaine modération que la raison prescrit dans les actions et les passions de l'homme ; elle a pour but de régler l'usage que nous devons faire des plaisirs et des biens de cette vie. « L'homme tout entier », dit M. d'Hauterive [1], « éprouve un besoin de jouissance : son esprit est avide de connaissances, son cœur aspire à l'amour, son corps demande les

---

[1] *Catéchisme de persévérance*, IIe partie, 2e section, tome VIII, leçon première.

choses nécessaires à la vie. Considéré en lui-même, ce besoin de jouir est bon, puisque c'est Dieu qui l'a déposé dans notre nature. » La passion de jouir est la plus forte de toutes celles qui agitent le cœur de l'homme; mais elle est une force aveugle qu'il est nécessaire de diriger et de contenir. Qui se chargera de cette difficile mission? C'est la tempérance chrétienne; c'est elle qui donne à l'homme la plus glorieuse et la plus enviable des souverainetés, celle de régner sur lui-même. Les biens de cette vie, dans les desseins de Dieu, doivent servir non au luxe et à la volupté, mais à un légitime usage, à de véritables besoins. La tempérance peut donc être considérée comme un tribut d'innocence et de sainteté que nous devons payer à Dieu, le souverain Maître.

Or, en examinant de près la vie de Mlle Bry, nous trouvons qu'elle s'est acquittée avec exactitude et avec joie de cette dette légitime et sacrée envers le Souverain qui régnait sur son cœur.

Elle s'est constamment efforcée de conformer sa conduite à cette recommandation de l'apôtre saint Pierre : « *Mes bien-aimés, je vous conjure de vous abstenir, comme des étrangers et des voyageurs, des désirs charnels qui combattent contre l'âme.* » (I S. Pierre, II, 2.)

La tempérance, en général, s'exerce par un grand nombre de vertus secondaires qui découlent d'elle. Nous ne traiterons que de celles qui ont été plus frappantes dans la vie que nous esquissons.

Sans nous arrêter à l'*abstinence* ou sobriété de Mlle Bry, nous dirons seulement que, quoique d'une santé délicate, elle ne se préoccupait jamais des soins à donner à son corps ; elle se contentait volontiers des aliments les plus communs. Elle accomplissait à la lettre ces paroles de Notre-Seigneur : « *Mangez ce qui vous sera servi.* » (Luc, x, 8.)

Mais c'est surtout dans la belle vertu de *chasteté* que notre héroïne a excellé. Elle avait une espèce de culte, en même temps qu'un attrait céleste, pour cette vertu si enviable qui élève l'homme au-dessus de lui-même et le rend semblable aux anges. Aussi, les efforts constants de toute sa vie furent de conserver intact ce trésor que nous portons dans des vases bien fragiles. Sa constante et sévère vigilance sur ses sens, son éloignement du monde, les précautions multiples dont elle s'entourait, n'avaient d'autre but que de renforcer, de plus en plus, la haie d'épines destinée à protéger le lis de sa pureté. Son regard où se lisait une chaste pudeur, son air respirant la modestie et l'innocence, son maintien réservé, en un mot, tout son extérieur semblait refléter la pureté de son âme. Sa vue seule inspirait l'estime et l'amour de la vertu angélique. Après sa mort, on disait tout haut ce que pendant sa vie on avait dit tout bas : « Mlle Bry est un ange. »

Toute jeune, à peine âgée de six ans, d'après le témoignage de sa grand'mère, sa pudeur éprouvait des scrupules inconnus d'ordinaire aux enfants de cet âge.

Plus tard, en 1883, se trouvant à Paris avec sa mère, celle-ci voulut lui faire consulter un médecin ; mais elle ne put triompher auprès de sa fille d'une sorte d'aversion instinctive, dictée par un sentiment de pudeur, peut-être exagéré en soi, mais néanmoins bien louable dans l'intention. Dans sa dernière maladie, elle souffrait avec peine de se laisser ausculter ; après la sortie du médecin, elle ne pouvait s'empêcher de témoigner aux personnes présentes la répugnance qu'elle en éprouvait.

Vers la fin de sa vie, elle s'était trouvée un jour dans une maison où une mère manqua gravement de réserve dans ses paroles, en présence même de sa propre fille. Mlle Bry souffrit doublement à cette occasion ; elle avoua plus tard à une personne, en présence de laquelle la même imprudence fut commise, qu'elle avait « senti le rouge de la honte lui brûler le visage jusque derrière les oreilles. »

D'ordinaire, elle évitait de parler même du scandale public. Un jour qu'on lui apprenait une nouvelle de ce genre, elle se contenta de soupirer avec douleur et pitié : « Pauvre jeune fille ! »

Néanmoins, pendant sa dernière maladie, sous l'influence du délire, elle exprima, par des paroles d'indignation, le dégoût et l'horreur que lui avait inspiré un récent scandale.

« Mlle Bry », dit une personne qui a vécu dans son intimité, « possédait à un degré frappant cette chaste pudeur de la vierge qu'un mot, un regard, une ombre même, trouble et effraie ; il y avait en elle ce sentiment intime, instinctif de la délicate réserve commandée à une jeune fille, ce tact parfait de ce qui est conforme ou non à la plus sévère modestie. » Cette stricte réserve, elle aurait voulu la voir pratiquée par tous. Dans les derniers temps de sa vie, on avait publié, à l'occasion d'amusements mondains, un article où, à des éloges outrés, à de véritables adulations données aux grâces et aux charmes de certaines jeunes patineuses, étaient mêlées des observations d'une délicatesse équivoque : « Je ne comprends pas, » dit-elle à cette occasion, « qu'une jeune fille puisse manquer ainsi de respect à sa personne et se soucier si peu de sa dignité, au point de se montrer en public comme en spectacle de curiosité, et de s'exposer à des critiques peu séantes à la modestie de son sexe. » Nous ajouterons seulement un mot, qu'on nous permettra d'appliquer à celle dont nous avons loué la chasteté : « *Bienheureux les cœurs purs, parce qu'ils verront Dieu !* » (MATTH., V, 8.)

Une autre partie de la tempérance est la *douceur* ou la *mansuétude chrétienne*. Aucune des qualités de Marie-Élisabeth ne fut aussi évidente que celle-ci. Aussi, les jours qui suivirent sa mort, le même éloge sortait de toutes les bouches : « Comme elle était douce, bonne, aimable ! » Sans doute, nous l'admettons volontiers, la nature, de ce côté, l'avait traitée en enfant privilégiée, nous dirions presque gâtée ; mais la grâce a amplement embelli et perfectionné l'œuvre de la nature. Toutes les personnes qui ont eu des rapports avec Mlle Bry, l'ont trouvée d'une humeur sans cesse égale, montrant à tous ce visage affable, cet air bienveillant qui traduisaient si bien la douce et paisible mansuétude de son âme. Cette vertu lui conciliait tous les cœurs. Il n'en pouvait être autrement, car : « *Bienheureux ceux qui sont doux, parce qu'ils posséderont la terre* » (Matth., v, 29) ; la terre d'ici-bas, c'est-à-dire le cœur des hommes, et la terre des vivants, le cœur même de Dieu.

La douceur a de grands rapports avec l'*humilité* : ce sont les deux vertus spéciales que le Cœur de Jésus propose à notre imitation : « *Apprenez de moi que je suis doux et humble de cœur.* » (Matth., xi, 29.)

Mlle Bry, une des amantes les plus sincères du Cœur adorable de Notre-Seigneur, en même temps qu'elle apprenait de ce divin modèle à être *douce,* apprenait aussi à être *humble* de cœur. L'humilité servait comme de base et d'appui à toutes les qualités naturelles et surnaturelles dont son âme était ornée. Supérieurement douée par la nature, et pour l'âme et pour le corps, elle ne tirait pas vanité des avantages extérieurs, ni de son esprit, ni de ses talents, ni de ses succès, encore moins de sa beauté.

Toute jeune encore, « la petite Marie » se distinguait parmi ses compagnes par cet air de simplicité et de modestie, ennemi de toute prétention. Elle cherchait à passer inaperçue. Les succès brillants qu'elle remporta pendant ses études, loin de la gonfler de vanité, semblaient plutôt l'embarrasser. Nous avons vu qu'elle attribuait aux prières, qu'elle avait sollicitées de ses maîtresses, de ses compagnes et de ses parentes, la réussite de son examen pour l'obtention du brevet de capacité. Son humilité lui enlevait toute confiance en sa propre science : « Il n'y a que la Vierge sainte qui puisse me faire recevoir, » avait-elle écrit à sa mère.

En parlant de ses études, nous avons mentionné en particulier un atlas, vrai chef-d'œuvre d'habileté et de persévérance; or, en dehors des membres intimes de la famille, elle n'avait montré à personne ce remarquable travail. Un jour, pendant son absence, on le fit voir à des connaisseurs; elle en fut toute peinée et reprocha aux siens ce que, dans son humilité, elle appelait « une regrettable indiscrétion. »

Dans ses rapports avec le prochain, elle s'efforçait constamment de faire oublier cette espèce de supériorité que lui donnaient une intelligence cultivée et une éducation polie. Elle se mettait volontiers à la portée de tous avec cette modeste et charmante simplicité, avec cette aimable et cordiale condescendance dont étaient ravies les personnes, objet de ses égards.

Quelques lignes extraites d'un exercice de style « *La fleur que je préfère,* » que la « petite Marie » rédigea à l'âge de quatorze ans, nous montrent le cas qu'elle faisait de l'humilité, particulièrement dans une jeune fille : « Pour trouver la fleur que je préfère, il n'est pas nécessaire de parcourir les jardins somptueux, où les fleurs les plus rares montrent leurs têtes orgueilleuses ; elle est cachée dans l'herbe des prairies ou sous une touffe de mousse. Là, elle se dérobe aux regards des passants, et ne trahit sa présence que par le suave parfum dont elle embaume l'air. Cette fleur, vous l'avez devinée, c'est la violette, l'humble fille des champs, l'emblème de l'humilité. Comme elle, une jeune fille doit être modeste, doit se dérober à tous les regards, et répandre autour d'elle le parfum de toutes les vertus. »

A l'humilité, Marie-Élisabeth associait *l'amour du silence.* Naturellement sobre de paroles, avant de parler, elle réfléchissait soigneusement sur ce qu'elle devait dire, et ne disait que ce qui était utile, se rappelant que Dieu, un jour, nous demandera compte, même d'une parole inutile. Elle se tenait sans cesse en garde contre ce désir immodéré de parler, qui expose à dire des choses oiseuses, hors de saison, ou défendues. Elle attirait l'attention des autres sur ce défaut, mais avec tant de délicatesse, qu'on ne pouvait s'empêcher de la remercier de ses charitables avis. Elle connaissait trop bien les inconvénients et les maux nombreux qui découlent d'une trop grande liberté de la langue. Cette grande réserve dans ses paroles a été parfois interprétée comme une marque de froideur, par des personnes qui ne connaissaient pas suffisamment cette discrète jeune fille, ou qui étaient peu aptes à apprécier cette heureuse disposition.

Lorsqu'il s'agissait de choses que la prudence fait un devoir de taire, cette réserve devenait absolue. Tout en étant expansive avec ses amies intimes, Mlle Bry fixait à ses confidences des limites nettement tracées, surtout quand l'intérêt d'un tiers était en jeu ; pour rien au monde elle n'aurait voulu manquer à la délicatesse et encore moins à la charité. Seuls le directeur de son âme et sa mère étaient les confidents des pensées plus intimes de son esprit, et des mouvements plus secrets de son cœur. Qu'il serait vivement à désirer que cette vertu de discrétion fût plus généralement pratiquée ! Toutes ces communications intimes où le secret d'autrui est parfois révélé, toutes ces confidences imprudentes, même entre amies, deviennent fréquemment des sources de désunion, de querelles, d'inimitiés assez souvent irréconciliables, et causent tôt ou tard d'amers regrets.

Une dernière vertu relevant de la tempérance est la *modestie chrétienne*, qui règle les mouvements extérieurs et les gestes du corps, use d'une modération raisonnable dans les jeux et les divertissements, et impose certaines limites à la parure. Sur ce point aussi, la conduite de Mlle Bry a été exemplaire. Nous avons pu jusqu'ici constater en elle une grande maturité. Or, « la modestie, dit Albert le Grand, est le fruit de la maturité » ; car, par la gravité intérieure de l'esprit, les actions extérieures sont réglées d'une manière conforme à la raison. Le maintien, la démarche, les gestes, tout l'extérieur de Marie-Élisabeth étaient empreints d'une noble gravité qui n'excluait ni le naturel ni l'aisance, et d'une certaine dignité qui lui conciliait le respect de tous.

Loin de perdre un temps précieux à des récréations ou à des jeux trop prolongés, elle aurait plutôt usé à cet égard d'une excessive réserve. Néanmoins, lorsque le bien de sa santé l'exigeait, et que les circonstances le permettaient, elle s'accordait volontiers les délassements nécessaires ou utiles. Mais il était facile de s'apercevoir qu'elle était, en cela, plus préoccupée de faire plaisir au prochain que de rechercher sa propre satisfaction. Dans l'intimité de ses parents et de ses amies, elle se relâchait volontiers de sa gravité habituelle. Son esprit souple et fécond trouvait les plus spirituelles plaisanteries, laissait échapper les plus heureuses saillies ; elle était la première à jouer avec beaucoup de finesse des tours innocents ; d'autres fois elle adoptait des manières enfantines pleines de charme et de gaîté. Et lorsqu'elle avait réussi à provoquer l'hilarité générale, à procurer une douce et agréable récréation à celles qui l'entouraient, sa plus grande joie était de jouir de la joie et du bonheur des autres.

Quant aux *parures et ornements de toilette*, Mlle Bry s'est appliquée en tout temps, mais plus spécialement dans les dernières années de sa vie, à se conformer exactement à cette règle de saint Ambroise [1] : « Que les ornements du corps ne soient pas affectés, mais naturels et simples, plutôt négligés que recherchés ; qu'ils ne soient pas rehaussés par des vêtements aux couleurs éclatantes et précieux, mais ordinaires, de manière à

---

1 *De Offi,* 19. I, c.

ce que rien ne manque à l'honnêteté ou à la nécessité, et qu'il n'y ait rien de superflu dans la parure. » La gravité et la maturité précoce de son esprit avaient fait comprendre de bonne heure à Marie-Élisabeth la vanité des ornements et des ajustements mondains. Une éducation profondément chrétienne, jointe à l'expérience de la vie, lui avait inspiré de l'éloignement pour un danger si souvent signalé par les saints Pères. Suivant le précepte de l'Apôtre, elle avait surtout à cœur de se *parer de modestie et de chaste pudeur, et non avec des cheveux frisés, ou de l'or ou des perles, ou des habits somptueux*. (I Timoth., iii, 9.) Elle possédait des bijoux rares et précieux, des bracelets, etc., dont on lui avait fait don ; mais au lieu de s'en parer, elle les laissait soigneusement renfermés au fond d'un tiroir.

Sa manière de se vêtir était en général pleine de goût, il est vrai, mais accompagnée de cette noble simplicité, qui tend de plus en plus à disparaître pour faire place à ces toilettes luxueuses, tapageuses, véritables enseignes de sotte vanité, quand elles ne sont pas les indices de dispositions plus défectueuses encore.

Elle laissait à sa mère le soin de s'occuper de ce qu'elle devait revêtir, et mettait en toute simplicité ce que celle-ci lui avait préparé. Parfois cependant, quand il s'agissait de porter pour la première fois une nouvelle parure, elle reprochait à sa mère de l'avoir choisie trop élégante, et l'autorité maternelle devait intervenir alors pour imposer silence à ses scrupules.

Dans sa volumineuse correspondance, elle parle trois fois de toilette ; une fois pour se plaindre à sa mère de lui avoir donné des effets en trop grand nombre et trop recherchés ; une autre fois pour attendre ses ordres au sujet de l'acquisition d'un article nécessaire : « Anna voudrait m'acheter un châle, parce que je n'ai pas de vêtement pour cet été ; j'attends la réponse de ma petite mère. » Une seule fois, écrivant à sa mère, elle trahit une légère complaisance dictée plutôt par le désir de lui faire plaisir, que par un sentiment de vanité : « Nana m'a fait faire une jolie robe bleu marine, garnie de sequins, et qui me va à ravir ; je l'étrennerai cette après-midi. »

Jamais Mlle Bry n'a demandé à sa mère de lui procurer tel ou tel objet de toilette. Aussi, ne comprenait-elle pas les jeunes filles qui, à cet égard, ne s'en rapportent pas complètement à leurs mères. Un jour elle fut témoin d'une scène qui fit sur elle une pénible impression : une jeune fille refusait d'accepter de sa mère une robe, sous prétexte qu'une telle en portait déjà une semblable, de même qualité et de même nuance, et qu'elle avait droit à quelque chose de plus distingué.

Cet amour excessif de la toilette, ces préoccupations continuelles des jeunes filles pour savoir comment elles s'habilleront tel jour et tel autre, cette recherche inquiète pour ajouter le charme de la variété à celui de l'élégance, lui inspiraient parfois des paroles pleines de bon sens et piquantes de sel, dignes d'être méditées par les personnes qui se sentiraient poussées à ce travers : « Il faut avoir la tête bien vide, et le cerveau bien creux pour s'occuper sans cesse de futilités pareilles. » C'est ainsi que Mlle Bry entendait et pratiquait la *tempérance* chrétienne ; il nous reste à examiner quelle fut en elle la vertu de *justice*.

CHAPITRE XIV

La *justice* nous porte à rendre à Dieu et au
prochain ce que nous lui devons. Cette vertu
appartient essentiellement à la volonté, et non
plus seulement à l'intelligence, comme la prudence. Elle comprend tous les devoirs, renferme
toutes les obligations, est à elle seule l'accomplissement parfait de la loi. De là vient que
justice et sainteté sont deux mots synonymes.
« *Elle est la mère plutôt que la sœur de toutes
les vertus,* » dit saint Ambroise, « *et elle les en-
fante plus encore qu'elle ne s'adjoint à elles* [1]. »
Nous nous contenterons de dire un mot des
principales vertus que la justice a fait germer et se
développer dans l'âme de Mlle Bry ; nous n'insis-

---

[1] *Lib. de Paradiso,* c. III.

terons que sur celles dont l'épanouissement a été plus complet. Une des parties principales de la vertu de justice, c'est le *respect* et l'*obéissance*.

Le *respect* n'est autre chose que la reconnaissance de la supériorité de certaines personnes, laquelle nous porte à leur rendre les honneurs et les services qui leur sont dus. Cette vertu suppose à la fois une âme humble et charitable. L'orgueilleux, se mettant au-dessus des autres, et l'égoïste, rapportant tout à lui-même, sont incapables de se montrer respectueux. Le respect tend malheureusement de plus en plus à diminuer. Les idées révolutionnaires d'égalité, semées à profusion par la parole et les écrits, sont colportées jusque dans l'intimité du foyer domestique, où elles germent et se développent rapidement dans de jeunes cœurs, et ne tardent pas à étouffer la plante, la fleur si délicate du respect.

Mlle Bry s'est fait remarquer, pendant toute sa vie, par une grande déférence, un profond respect pour ses supérieurs. A l'égard de ses parents, cet attachement si vif et si tendre, qui forme le trait caractéristique de sa vie, reposait sur le respect comme sur une base inébranlable. Cette soumission pleine de déférence qu'elle avait pour les auteurs de ses jours, elle l'étendait à ses maîtresses de classe ; elle voyait en elles les représentants directs de l'autorité divine ; son esprit de foi lui apprenait que c'est

Dieu lui-même qu'elle révérait en elles comme dans la personne de ses parents. Le respect lui semblait chose si naturelle qu'elle ne pouvait comprendre comment il était possible d'y manquer. Ayant connu les paroles et la conduite irrespectueuses de certaines jeunes filles envers leurs maîtresses de classe, elle en fut extrêmement choquée et éprouva des sentiments de profonde indignation. Elle, d'ordinaire si douce et si indulgente, prit alors un langage sévère, et déclara formellement que le renvoi seul pouvait venger une faute si grave.

L'*obéissance*, comme le respect de Mlle Bry, était exemplaire sous tous les rapports. Formée toute jeune à plier sa volonté à celle de ses parents et de ses maîtresses, elle obéissait comme naturellement, sans effort, avec joie. Jamais elle ne s'est départie de la règle d'une stricte et parfaite soumission. Dans les maisons d'éducation où elle a passé, elle considérait la règle comme la volonté de Dieu. Aussi a-t-on loué, partout où elle a été, sa parfaite obéissance. M. l'abbé Leroux, le vénérable aumônier du couvent de Saint-Thomas de Villeneuve, nous écrivait en parlant de Mlle Bry : « C'était une excellente enfant, sachant toujours obéir et se soumettre aux différents règlements et usages de la maison. » La Révérende Mère Supérieure du couvent de la Présentation au Havre-Breton, nous

disait : « Mlle Bry a été surtout parfaitement
obéissante. »

Non seulement les ordres positifs, mais encore
les désirs manifestés, et parfois même les inten-
tions supposées, étaient exécutés par elle avec
cette docilité, cette souplesse de volonté, cette
grâce charmante qui lui étaient si naturelles.
Parfois, s'adressant à sa mère, elle lui demandait : « Maman, veux-tu que j'aille dans tel
endroit, que je fasse telle chose? » Et lorsque
celle-ci lui répondait : « Vas-y si tu veux, fais-le
si tu le désires, » elle faisait attention au ton de
voix de sa mère pour savoir ce que celle-ci aime-
rait mieux; et toujours elle renonçait joyeusement à sa propre volonté, dès qu'elle pouvait
connaître les préférences de sa mère.

Au respect et à l'obéissance, Mlle Bry joignait
une grande *simplicité*. Cette vertu pourrait être
appelée la fine fleur de l'humilité : l'âme simple
s'oublie elle-même, ignore les retours de l'amour-
propre. Elle ne songe qu'à plaire à Dieu, de la
même manière que ferait un petit enfant avec
une mère qu'il aime tendrement, et dont il se
sent aimé. Telle a été, d'après le témoignage de
ses maîtresses et de ses amies, la conduite de
Mlle Bry. Profondément humble, elle semblait
ignorer les rares qualités d'esprit et de cœur dont
Dieu l'avait richement dotée. Son caractère était
ennemi de l'humeur et du caprice, de l'ardeur et

de l'indifférence, de la vivacité et de l'inégalité. Dans l'action, elle évitait l'empressement et le trouble. Dans son extérieur elle était modeste, mais sans affectation; dans ses manières elle était simple, naturelle, sans art. Lorsqu'elle marchait, elle n'était occupée que d'aller droit au but, ne détournant la tête ni d'un côté ni de l'autre; toute jeune déjà elle avait pris cette habitude; des personnes peu aptes à apprécier cette modeste simplicité, la soupçonnaient de fierté pour ce motif. Dans la conversation, tout en assaisonnant parfois ses paroles de fines pointes d'esprit, elle le faisait sans se préoccuper d'elle-même, avec tant de candeur, que ses amies ne pouvaient s'empêcher d'admirer un si charmant naturel, une si aimable simplicité.

Cette estimable vertu était en elle un don de nature; elle le perfectionna par une lecture assidue de l'*Imitation de Jésus-Christ,* et par l'étude approfondie de l'*Introduction à la vie dévote* de saint François de Sales, qui peut être appelé le Docteur de la simplicité, en même temps qu'il en a été le parfait modèle.

Nous ne ferons que mentionner la *véracité* de Mlle Bry. D'une nature essentiellement droite, franche, ouverte et loyale, la duplicité et la dissimulation lui étaient souverainement odieuses; même les manières prétentieuses, ou seulement affectées et guindées, produisaient sur elle une impression pénible. Aucune chose n'exposait sa charité ou sa patience à une épreuve plus délicate, que d'avoir affaire à des personnes « maniérées, ou faisant des embarras, » comme elle disait, à tel point que, lorsqu'elle voyait venir ces sortes de personnes, elle priait sa mère de la remplacer au magasin, craignant qu'on ne pût lire sur ses traits l'effet pénible qu'elle subissait malgré elle.

Une autre vertu qui relève de la justice, et dont nous avons à dire un mot dans cette biographie, c'est la *générosité*. Le cœur de Mlle Bry était trop noble, trop grand, trop généreux, pour s'attacher aux biens périssables de cette vie. Son plus grand bonheur était d'offrir, pour servir au culte divin, les objets les plus précieux, dont elle avait permission de disposer. Envers les pauvres, elle était d'une compassion et d'une charité vraiment touchantes. Elle ne regrettait qu'une chose, c'est que le manque de ressources suffisantes imposât des limites trop étroites à la grande et ardente générosité de son cœur. Dans l'exercice de cette vertu, elle commençait par les siens, ce qui, du reste, est entièrement conforme aux règles de la charité. On nous permettra de citer les lignes suivantes, dont Marie-Élisabeth accompagna un envoi de différents objets, qu'elle adressa de Granville à sa bonne grand'mère et à ses chères cousines visitées par le malheur : « Ah ! que ne puis-je donner plus à vous que j'aime tant! Oui, chère bonne maman, je voudrais être riche, bien riche, pour faire du bien à toute ma famille; c'est alors que je serais heureuse; car le vrai bonheur ne se trouve que dans le bien que l'on fait. » (Extrait d'une lettre du 5 mars 1876.)

Le jour de l'Épiphanie 1885, quelques semaines avant la mort de Mlle Bry, on distribua, à l'église de Saint-Pierre, des croix aux associés du troisième ordre de la confrérie du Cœur de Jésus; la bonne grand'mère qui participa à cette réception aurait voulu se contenter d'une croix d'un prix inférieur; mais sa petite-fille insista pour qu'elle s'en procurât une en argent, et lui remit, à cet effet, la somme nécessaire.

Dans certains cas, Mlle Bry poussait cette générosité illimitée de son cœur, peut-être au delà de la mesure conseillée par une stricte prudence. Sa mère lui en faisait parfois des reproches, tout en s'associant volontiers à ses charités; mais la discrétion nous défend d'entrer dans des détails sur ce point.

Le cœur si compatissant de Marie-Élisabeth se serrait de douleur, lorsqu'il ne lui était pas possible de soulager la détresse du prochain. Pendant qu'elle était encore au pensionnat de Granville, ayant entendu dire que la pêche laissait à désirer à Saint-Pierre, elle écrivit : « Quel malheur que la pêche soit mauvaise! Que vont devenir tous ceux qu'elle fait vivre? Je crois que la misère va être bien grande. Mais puisque l'espérance fait vivre, espérons que cela ne durera pas. »

A l'âge de quinze ans, elle eut à faire une composition sur « *les besoins du pauvre et les devoirs du riche.* » Le lecteur sera sans doute édifié de voir comment « la petite Marie » traita un sujet, où son cœur si plein de charité se mouvait à l'aise :

« L'hiver a étendu sa main glacée sur la terre ; les froids aquilons ont succédé à la douce chaleur ; la neige a remplacé la verdure des prairies ; le bruit des noires tempêtes s'entend maintenant à la place du chant joyeux des oiseaux qui peuplaient les airs. Vieillards courbés sous le poids des années et de la misère, qui vous donnera, sur votre pauvre grabat, le pain de chaque jour ? pauvres veuves, qui n'avez, pour répondre à la voix de vos enfants affamés, qu'à implorer la pitié des passants ; ouvriers, dont les bras vigoureux ne trouvent plus un aliment à leur activité ; orphelines délaissées, dénuées de tout, sans abri, sans protecteur ; vous tous enfin, pauvres et indigents de la terre, qu'allez-vous devenir ? Oh ! surtout, gardez-vous de jeter un œil d'envie sur le palais du riche. Souvenez-vous que Jésus était pauvre, et le plus pauvre de tous les hommes ; rappelez-vous cette parole de notre Sauveur : « *Heureux ceux qui pleurent.* » Et d'ailleurs, le

Dieu de bonté qui donne la nourriture et la plume aux petits oiseaux, et le vêtement aux lis des champs, ne vous oubliera pas, vous qui êtes ses créatures préférées. Il vous consolera, vous donnera votre pain de chaque jour. Mais pour vous secourir, Dieu se servira d'instruments, et ces instruments sont ceux qui ont reçu de Lui la richesse en partage, dans le but de soulager leurs frères infortunés. Le Créateur secourt sa créature au moyen de ministres unis à Lui par l'admirable réseau de la charité. O riche, n'oublie pas l'incomparable précepte de cette vertu ; songe « *Qu'il est plus difficile au riche d'entrer dans le royaume des Cieux, qu'à un câble de passer par le trou de l'aiguille.* » Emploie bien tes richesses, sinon elles tourneront à ta condamnation. Assis sur tes coussins moelleux, n'oublie pas le grabat du pauvre ; que tes lambris dorés ne te fassent pas perdre le souvenir des murs délabrés qui l'abritent à peine ; que le bruit de tes fêtes, de tes plaisirs, n'étouffe pas la voix de ses gémissements et de ses pleurs. O hommes du monde, ô femmes élégantes, que vos parures étincelantes ne vous fassent pas perdre de vue les haillons du pauvre.

« Et vous, riches, qui remplissez si bien sur la terre votre mission de charité, oh ! soyez a jamais bénis ! Vous qui ne craignez pas de descendre dans la cave humide de l'indigent, et de monter dans le misérable grenier de l'ouvrier, vous qui distribuez à vos frères infortunés et les vêtements dont ils se couvrent, et le pain destiné à soutenir leur misérable existence, vous qui protégez l'orphelin, vous dont le seul plaisir sur la terre est de marquer tous vos pas par des bienfaits, oh! ne craignez pas à votre dernière heure; car vous entendrez alors cette parole sortir de la bouche de votre Sauveur et Juge : « *Venez les bénis de mon Père, le royaume des cieux est à vous, car j'étais nu et vous m'avez vêtu; j'avais faim et vous m'avez rassasié, j'avais soif et vous m'avez donné à boire.* »

Heureux, mille fois heureux en ce monde et dans l'autre, ceux qui comme Mlle Bry comprennent et pratiquent ainsi la générosité chrétienne!

CHAPITRE XV

L'amitié, cette bienveillance mutuelle fondée sur la vertu et jointe à la communication des biens, fait, d'après saint Thomas, partie de la vertu de justice. Douée par la nature des qualités les plus aimables, Mlle Bry a eu pour amis à peu près tous ceux qui la connaissaient. « Marie », écrit M. l'abbé Leroux, « était une excellente enfant, de mœurs excessivement douces, se faisant aimer de tous sans exception. »

Mais nous voulons parler ici de l'amitié dans un sens plus strict, et consistant dans une union intime et étroite avec d'autres cœurs, basée principalement sur une similitude de goûts et d'attraits pour la vertu. Jésus lui-même, aimant d'une manière spéciale Lazare et ses sœurs, devait servir de modèle à l'amitié de Mlle Bry.

Douce, bonne, aimable pour tout le monde.

elle ne se liait pas facilement d'une manière intime. Dans le choix de ses amies, elle a toujours apporté une grande prudence et beaucoup de discernement.

A Saint-Pierre, elle s'est attachée particulièrement à des personnes dont la famille avait eu les meilleurs rapports avec son père. Les aimer était pour elle comme un nouveau moyen de pratiquer la piété filiale.

En France, « la petite Marie » contracta, toute jeune, l'amitié la plus étroite, entre autres, avec une jeune personne accablée alors de cruelles infirmités. Des épreuves morales d'un côté, des épreuves physiques de l'autre, les mêmes goûts et les mêmes attraits pour la piété engendrèrent bien vite l'union la plus douce et la plus forte.

Écoutons l'amie de France nous dire ce que fut l'amitié de Mlle Bry pour elle; nous lui demandons la permission d'extraire, de la lettre qu'elle a bien voulu nous adresser, les lignes suivantes dignes de trouver ici leur place :

« Il y a environ seize ans que je connais Mlle Bry. Elle avait alors près de neuf ans; j'étais sa voisine aux bains de mer, et aussitôt que je l'eus vue, j'éprouvai un vif désir de faire sa connaissance. Quoique plus âgée, je me sentais attirée vers cette aimable enfant, par je ne sais quoi de sympathique qui était en elle. Elle répondit avec tant de gentillesse à mes premières avances, que je me pris à l'aimer, et je puis dire qu'elle m'a toujours témoigné une amitié touchante. Notre mutuelle affection grandit avec le temps; car Marie était de ces âmes qui gagnent à être connues, et il était impossible de la connaître sans l'aimer. Nous avons eu une correspondance très suivie pendant son séjour à Granville, et chaque année nous avions, pendant l'été, l'occasion de nous voir un peu. En 1873 ou 1874, Marie passa quelques jours ici; je n'ai que des souvenirs confus de ce séjour. Mais je puis dire que, si ma mémoire ne me permet de rapporter aucun trait en détail, il me reste, des trop courts instants qu'elle a passés avec moi, tout *un ensemble* de souvenirs parfumés des vertus de cette aimable amie. J'ai eu bien des fois l'occasion d'observer et d'apprécier les trésors de tendresse que renfermait son cœur. Sa mère était sa suprême affection après Dieu, et elle m'en parlait d'une manière qui m'a émue plus d'une fois.

« Son amitié était simple, tendre, sans aucune singularité, absolument comme sa piété, sa confiance en ses amies était parfaite, et l'on sentait que chaque mot qu'elle prononçait sortait du cœur. Chez elle l'expansion était un besoin; mais dans cette belle âme tout semblait parfait; car, dans notre longue et douce intimité, je n'ai jamais remarqué la moindre familiarité, mais une simple et entière confiance bien douce pour un cœur ami. Les longues et fréquentes lettres que ma chère Marie m'a adressées seraient une preuve de ce que j'avance, si j'avais eu le bonheur de les conserver; mais je trouvais prudent de brûler ces confidences écrites pour moi seule, afin qu'elles ne tombassent pas sous un regard indiscret. Je le regrette vivement aujourd'hui qu'elles pourraient vous être utiles; mais je n'aurais pas pensé, pauvre malade que j'étais, devoir survivre à Marie, dont la force apparente faisait présager un long avenir. Je vous adresse les lettres qui me restent de ma chère amie. » (Lettre du 30 avril 1885.)

Le lecteur, pensons-nous, nous saura gré de reproduire une partie assez considérable de la correspondance échangée entre ces deux cœurs, dont l'union a été d'autant plus intime et plus forte, qu'elle était comme cimentée par la religion.

Chose digne d'être remarquée, quelque doux que fussent les entretiens avec sa chère amie, Mlle Bry n'y consacrait d'ordinaire que les moments prélevés sur les récréations et même sur son sommeil, après s'être acquittée intégralement de ses devoirs d'état. Correspondre avec son amie était pour elle un agréable repos, une délicieuse récréation.

« Bien chère amie, écrit-elle à la date du 2 octobre 1875, je viens de repasser mes leçons en attendant le grand jour, et la tête encore toute farcie d'histoire, je viens me reposer auprès de toi. Doux repos que j'envierais certainement très fort, si je n'avais le bonheur de le posséder. Je croyais bien ne pouvoir t'écrire ; figure-toi que hier au soir j'avais mes devoirs à faire, je ne les ai finis que très tard : ce matin, j'ai voulu, en prenant sur mon sommeil, te donner de mes nouvelles ; une circonstance imprévue m'a empêchée de t'écrire alors, c'était contrariant, très contrariant, mais qu'y faire ? Il a bien fallu se résigner. Enfin, le voilà venu ce moment favorable après lequel je soupire, cet heureux moment que je vais passer avec toi, chère Maria. C'est bien doux, une amie ! Qu'en dis-tu ?

« Depuis longtemps je t'attends à Granville, mais je crains que tu ne viennes pas cette année ; je le regretterais vivement, car tu sais le plaisir que j'ai à te voir ; mais d'un autre côté, je serais bien fâchée si ce voyage devait nuire à ta santé, et je préfèrerais dans ce cas que tu ne viennes pas... Tu es dans un monastère, et moi, dans un couvent ; nous voilà bonnes sœurs et bonnes à mettre ensemble ; car, comme toi, je ne sais rien du monde. »

« Chère amie », écrit-elle à la même, un mois plus tard, « il est neuf heures : c'est l'heure du sommeil et du repos ; mais, pour écrire à son amie, on peut bien voler un peu à son sommeil. D'ailleurs, n'est-ce pas un doux repos pour moi que de dire à ma chère Maria combien je l'aime, et tout le plaisir que me causent ses lettres si pleines de douces choses?

« Tu te demandes, sans doute, comment il se fait que je t'écrive à neuf heures du soir. C'est que le temps me manque; à dix heures même quelquefois, je ne pourrais pas encore t'écrire : toutes mes journées se passent en classe, et puis nous avons tant de leçons et de devoirs, que parfois onze heures me surprennent à l'ouvrage. Ce soir cependant, je trouve un petit instant, et, quelque court qu'il soit, j'en profite pour m'entretenir avec ma chère solitaire. Je regrette bien que le temps des voyages soit passé. Enfin, comme tu me le dis, si le chemin de fer nous amène l'hiver, il faut espérer que le télégraphe nous apportera le printemps, ce cher printemps! J'ai bien peur qu'il ne tarde à se montrer à l'horizon; mais que faire? Il faut se résigner : je le fais pourtant contre mon cœur qui a soif de te revoir.

« Bonsoir, ma chère, je te quitte pour mon lit, dors bien cette nuit. »

« Chère Maria, » écrit encore Mlle Bry, le 2 mars 1876, » c'est pendant la récréation de midi que je t'écris, et vraiment, c'est pour moi un bien doux délassement que de venir causer un peu avec toi ; je ne connais pas de plus grand plaisir que celui que j'éprouve à lire tes bonnes et aimables lettres. Moi, je ne sais pas être aimable, mais je ne t'en aime pas moins. Tu peux te rassurer sur mon jugement téméraire ; j'ai fait mille conjectures sur ton silence prolongé, sans cependant t'avoir accusée ni de négligence ni d'oubli, c'était bien loin de mon esprit. Ne m'as-tu pas assurée de ton amitié ?... J'ai un petit secret, que je te dirai (bien entendu), mais ce sera seulement dans ma prochaine lettre ; d'ici là, tâche de deviner, il te fera plaisir ; cet été tu aurais bien voulu que...

« Maintenant que ta santé te permet d'aller à l'église, prie pour moi et pour une petite intention particulière. Dimanche, je communierai, et tu peux être sûre que tu ne seras pas oubliée. Oh ! si tu pouvais toi-même communier, comme j'en serais heureuse !

« Carnaval est passé : a-t-il été bien brillant cette année à Gavray ? A Granville, c'était bien maigre, et moi je dis tant mieux.

« Bon, voilà qu'on vient me chercher, pas moyen de refuser, quel ennui ! je me vois obligée de remettre à ce soir la douce causerie...

« Enfin, me voilà revenue, m'entretenir encore un peu avec toi, et bien contente, je t'assure... Comme le temps passe vite ! nous voilà déjà en carême, bientôt à Pâques, et puis ce sera l'été, le bienheureux été qui nous verra réunies. Oh ! comme je soupire après ce fortuné moment !

« A propos (ou plutôt c'est hors de propos), je

vais bien te gronder d'avoir laissé de côté l'étude du piano, étude pourtant si récréative ; promets-moi de la reprendre, sans cela... Oh ! la vilaine paresseuse ! Si ces demoiselles qui vont passer cette année leurs examens faisaient de même, elles seraient bien sûres de rester à la porte ; mais elles travaillent sans relâche. J'espère, à mon tour, pouvoir passer mes examens l'année prochaine, il sera grand temps ; car me voilà déjà vieille de quinze ans. Je dois te dire que je ne fais pas comme toi. Je travaille autant que je le peux, mais peut-être pas autant que je le voudrais. Après tout, je ne fais que mon devoir, et c'est tout ce que demandent et maman et mes maîtresses.

« Je voudrais, chère amie, pouvoir t'embrasser, mais en réalité et sur les deux joues ; j'espère que cela ne tardera pas. En attendant, je t'envoie mille baisers sous ce pli. Quoique je te sache gourmande, je te prie néanmoins de les partager avec Mlle Joséphine [1], ainsi que tout ce que mon cœur renferme d'aimable et d'affectueux. Tu penses que Jeanne [2] n'est pas oubliée ; je la charge, avec sa tendresse de mère, de souhaiter le bonjour de ma part à sa fille. Je suis sûre, quand je la verrai, que Mlle Poupée me connaîtra, de nom du moins. »

1. Amie intime de Mlle Maria X...
2. Sœur de Mlle Maria X...; elle avait alors entre six et sept ans.

La lettre qui suit nous montre, une fois de plus, que, quelque vifs qu'aient pu être les sentiments d'affection de Mlle Bry pour son amie, quelque ardent que fût le désir de la voir, elle ne permettait pas à son cœur d'empiéter sur le devoir.

Granville, jeudi 7 septembre 1876.

« Chère Maria,

« Comment as-tu pu penser que si nous avions été de retour à Granville depuis plusieurs jours, je ne t'eusse pas écrit? Vraiment, ce n'est pas bien, et je m'empresse de te détromper bien vite, en t'apprenant que nous ne sommes de retour que d'hier matin. Nous avons été retenues au Vivier, dans la famille de mon oncle, plus longtemps que nous ne pensions y rester, et il s'ensuit malheureusement que, n'ayant plus qu'un mois de vacances, et n'ayant pas commencé mes devoirs, je me vois dans l'impossibilité d'aller à Gavray cette année. C'est les larmes aux yeux que je te l'annonce, chère amie; car, je le sais, cela va te faire bien de la peine; mais je te promets au moins quinze jours l'année prochaine. Tu le sais, chère Maria, que s'il ne s'agissait pas des examens, j'irais passer la fin des vacances avec toi; mais je n'ai plus de soutien de famille; c'est pour qu'elle me serve plus tard que maman

me donne cette instruction ; je dois donc en profiter. Du reste, ne nous désolons pas avant le
temps ; je vais me dépêcher de faire mes devoirs,
et si je pouvais, avant la rentrée, te donner trois
ou quatre jours, tu comprends combien je serais
heureuse. Mais n'en disons rien et prions notre
Patronne de nous réunir un peu. Espérons, l'espérance fait vivre. Je n'ai pu t'écrire le 15 août ;
mais je vais t'envoyer l'image que j'ai achetée
pour ta fête et que je n'ai pu t'envoyer ; tu auras
au moins mon souvenir en attendant ma présence. Je me faisais vraiment une trop grande
fête de te revoir.

« Ah ! je te l'assure, ma chérie, j'ai bien pensé
à toi qui m'aimes et que j'aime tant. Enfin, je
veux le croire, notre réunion est simplement
différée ; je vais me mettre à l'ouvrage avec ardeur,
et tu verras.

« Je te serre et t'embrasse des mille millions
de fois.

« Celle qui t'aime plus que tout au monde,

« Marie Bry. »

« P. S. — Aujourd'hui, jour anniversaire de la
mort de mon père bien-aimé, le temps s'accorde
avec mon cœur qui saigne doublement. Prie
pour moi. »

Les lignes suivantes de Mlle Bry, pleines de
tendresse affectueuse et de charité compatissante

pour son amie, font ressortir encore davantage le caractère éminemment chrétien de leur tendre union, à laquelle nous pouvons appliquer ces paroles de saint Paulin, bien familières à nos deux amies : « Quand deux cœurs sont saintement liés ensemble, Dieu vient se placer au milieu d'eux. »

Granville, dimanche 3 décembre 1876.

« Je t'aurais écrit hier, chère amie, mais minuit m'a surprise au travail, et j'ai dû différer notre causerie jusqu'à ce soir. Que dois-tu dire, depuis que tu n'as plus reçu de mes nouvelles ? Tu ne douteras pourtant pas que la pauvre Marie pense souvent à toi, et que, si sa plume est muette, son cœur est dans un perpétuel entretien avec ton cœur.

« Je me demande ce que tu fais, et surtout comment tu te portes ; je redoute pour toi les intempéries de la saison. Qui me répondra ? Hélas ! quelques lieues à peine nous tiennent éloignées l'une de l'autre, et nous sommes aussi séparées (excepté par le cœur) que si des mers immenses étaient entre nous. Mais pourquoi se plaindre ? la vie est ainsi faite, ceux qui s'aiment sont presque toujours loin les uns des autres.

« Je reconnais bien ton amitié dans les livres que tu m'envoies, chère Maria ; ils sont admirablement bien choisis. Vraiment, tu me gâtes trop, car, après avoir parcouru tous les bons auteurs que tu me fais lire, je vais devenir difficile en fait de lectures. Mais ce que j'aime le mieux dans tes envois, ma chère, ce sont les missives qui les accompagnent, et qui, malheureusement, finissent toujours trop vite.

« Bientôt Noël, ma bien-aimée, quel bonheur ! Je suis presque comme les petits enfants qui aspirent au moment de mettre leurs souliers dans la cheminée. Pour moi, si je suis si impatiente de voir luire ce jour béni, c'est pour un tout autre motif : je voudrais me trouver dès maintenant à la messe de minuit, dans notre petite chapelle de Saint-Thomas de Villeneuve. Elle est si belle, si touchante, la messe de minuit !

« Mais j'y pense, je suis bien égoïste de t'énumérer toutes les douces consolations que cette touchante fête va faire naître dans mon âme ; et pendant que ma pauvre amie sera sans doute forcée de rester dans son lit, et peut-être même dans un lit de douleur, je serais dans une entière allégresse ? Oh non ! La pensée de ma chère Maria souffrante, mêlera quelque amertume à ma joie ; et lorsque j'irai à la messe de minuit, ce sera principalement dans le but de prier pour celle qui possède la meilleure partie de mon cœur.

« J'apprends le piano ; je ne suis pas encore

bien avancée, je compte être ton élève bien studieuse cet été. J'apprends aussi la musique vocale ; j'ai bonne envie de t'entendre chanter les « *Deux amies* » que j'apprendrai, si les paroles répondent au titre. »

Mme Bry étant à la veille de son départ pour Saint-Pierre, sa fille déverse tout aussitôt dans le cœur de sa chère Maria la peine que lui cause cette séparation, ainsi que son propre départ l'année suivante ; la prose et les vers sont, à cet effet, mis à réquisition.

Granville, le 8 mars 1877.

« Chère amie,

« Une foule de circonstances imprévues, je dirai même extraordinaires, m'ont empêchée de t'écrire. Je suis sûre que dans ce moment tu es dans une grande perplexité, ne sachant si je suis reçue aux examens ou renvoyée. Eh bien, chère amie, ce n'est ni l'un ni l'autre, par la bonne raison que je ne me suis pas présentée. Depuis le mois de janvier, il a été décidé que je ne me présenterai qu'en juillet, et je croyais te l'avoir dit.

« Mais ce n'est pas de cela que je voulais te parler au commencement de cette lettre. Hélas ! j'hésite à te le dire, quoique ce ne soit pas moi qui parte... Je l'ai dit, c'est un départ, le départ de ma chère maman pour Saint-Pierre, tandis que moi je reste encore un an en pension. Je ne puis le croire..... il me semble que je rêve... Mais non, ce n'est que trop vrai, dans quinze jours, j'aurai embrassé pour la dernière fois cette mère chérie. Je crois que jamais je ne pourrais consentir à cette séparation, si je ne savais qu'elle viendra me chercher l'année prochaine.

« Hélas ! ce sera encore une séparation alors. Heureusement nous aurons retrempé notre courage aux grandes vacances, et nous serons plus fortes au moment douloureux du départ :

Loin des yeux, près du cœur, consolante pensée !
De l'absence, par toi, la douleur émoussée
Pénètre moins aiguë et moins profondément
Dans l'âme qui gémit de son isolement.
Seule de l'amitié tu peux tarir les larmes,
Adoucir les regrets, dissiper les alarmes,
Quand, d'un ami que Dieu nous prêta quelques jours,
Il faut se séparer, peut-être pour toujours.
A l'heure des adieux, quand le cœur se déchire,
Quand sur nos lèvres meurt notre dernier sourire,
Quand la douleur ne peut s'exprimer par des mots,
Et que la voix se brise au milieu des sanglots :
Dans ce dernier regard, ineffable mélange
De tendresse et de deuil, qu'en silence on échange,
Dans cette ardente étreinte, où le cœur parle au cœur
Ce langage dont seul il comprend la douceur.
C'est toi que l'on échange, ô touchante promesse !
Toi, dont le souvenir, aux heures de tristesse,
Pour notre âme sera cette goutte de miel
Que Dieu nous verse au fond de la coupe de fiel.
Oh ! ne me quitte pas, consolante pensée !

Reste là, toujours là, dans mon âme blessée,
Et lorsqu'elle sera tout près de défaillir
Sous le poids des regrets qui viendront l'assaillir,
Alors, pour ranimer sa fragile espérance,
Relever son courage, adoucir sa souffrance,
D'une voix bien-aimée, écho consolateur,
Répète-lui ces mots : *Loin des yeux, près du cœur.*

« Écris-moi bientôt et prie pour moi.
    « Je t'embrasse mille fois,

              « MARIE BRY. »

Après cette lettre désolée, Mlle Bry écrivit de nouveau, à la date du 21 avril, les lignes suivantes éclairées d'un rayon de joie, à cause de l'heureuse arrivée de sa mère à Saint-Pierre, mais en même temps pleines d'inquiétude au sujet du silence de son amie.

    « Chère Maria,

« J'ai reçu la plus agréable des nouvelles : maman est arrivée à Saint-Pierre après une traversée de vingt et un jours. Je ne puis te peindre mon bonheur, mais tu le comprendras. Maintenant j'attends une lettre avec des détails, elle ne me parviendra que vers le 15 mai. Aussi, aurai-je besoin de ma bonne et tendre amie pour me donner de la patience et du courage, car il en faut pour supporter l'absence d'une mère.

« Je ne m'ennuie pas trop de la vie de pension ; les religieuses sont très bonnes ; elles m'aiment, elles m'encouragent ; mais la maison maternelle est bien loin, et j'ai hâte d'y rentrer.

« Je suis inquiète sur ton compte, n'ayant pas de tes nouvelles. Serais-tu plus souffrante, ou quelque événement extraordinaire serait-il survenu chez toi? Réponds-moi vite, je t'en supplie, ma chérie, autrement je ne saurais que penser de ton silence.

« Je passerai mes examens le 9 juillet ; en attendant il faut que j'étudie beaucoup. Je compte sur tes bonnes prières, qui de Gavray viendront me donner du courage.

« Espères-tu venir à Granville au mois de mai ? J'en serais bien heureuse ; mais avant tout, si tu es malade, je te recommande aux bons soins de Mlle Joséphine. Ah ! que ne suis-je là pour l'aider ! Vraiment j'envie son sort. Mais, si mon corps est à Granville, mon cœur pourrait bien être à Gavray, comme je suis sûre que le tien vient souvent me visiter....... »

La lettre précédente n'était pas encore complètement achevée quand arriva enfin une réponse impatiemment attendue. Elle est pleine de respect, de reconnaissance et d'admiration pour Sa Grandeur Mgr Germain. Il n'en pourrait être autrement d'un cœur vraiment chrétien, d'une amie digne de Mlle Bry.

« Ma chère Marie,

« J'ai toujours dans mes fêtes et mes occupations le loisir de penser à toi, mais pas toujours celui de t'écrire. Tu te demandes, sans doute, ce qui peut me retarder ainsi : tu me crois peut-être malade. Rassure-toi, chère amie. Ce qui a causé mon silence, ce sont les occupations que j'ai eues pour la réception de Mgr Germain.

« Tu sais, chère Marie, que partout où notre prélat fait ses visites pastorales, il est reçu avec de profondes et universelles sympathies ; mais les habitants de Gavray avaient plus à faire : ils devaient témoigner leur respect filial et leur vive gratitude pour le bienfait dont ils se reconnaissent redevables à la charitable initiative et à l'entraînante éloquence de leur premier pasteur, qui, touchant les cœurs, a ouvert les bourses et réparé en peu de temps des désastres presque irréparables pour un cœur moins dévoué.

« Il fallait aussi, que tout dît à notre vénéré pontife, que cette visite solennelle en rappelait une autre toute paternelle, dans laquelle il était venu sécher les larmes, et répandre dans les cœurs atterrés et découragés une espérance devenue bien vite réalité [1].

« Je crois que nous avons, aussi bien que

1. Le 21 juillet 1876, un incendie détruisit le tiers de l'importante bourgade de Gavray. Deux cents familles,

possible, atteint notre but, et que Sa Grandeur a été très touchée des témoignages de gratitude que son regard rencontrait partout. Monseigneur a, du reste, laissé voir combien il était ému dans les différents discours qu'il a prononcés à son arrivée dans notre bourgade et dans notre pauvre église. Je n'essayerai pas, chère Marie, de te retracer les paroles enflammées qui sortaient de la bouche de notre éloquent évêque ; tu sais qu'on ne peut citer Mgr Germain. Quand même on aurait le texte précis, il manquerait la voix, le geste et l'action puissante de l'orateur dont nous sommes fiers à juste titre, et qui est, nul n'en peut douter, une des gloires de l'épiscopat français.

« Tout ce que je pourrais te dire ne serait qu'une pâle esquisse de cette éloquence qui tient ses auditeurs haletants, et les emporte si facilement jusqu'aux hauteurs les plus sublimes où elle plane sans efforts.

« Monseigneur a reçu ici une médaille commémorative qui lui rappellera la reconnaissance des incendiés ; car c'est grâce à la charité du Pasteur que les ouailles ont si vite retrouvé un toit protecteur.

---

cinq à six cents personnes se trouvèrent sans asile, sans linge et la plupart sans pain.

Mgr Germain accouru à cette nouvelle, écrivit, à la lueur sinistre des flammes, une *lettre circulaire* admirable, qui, de toutes les paroisses du diocèse, fit parvenir des secours prompts et très abondants.

« Avant de te quitter, chère Marie, je veux te dire combien j'ai été heureuse, en recevant ta réponse, de voir que mes craintes au sujet de ton examen étaient vaines. Je craignais tellement, que, lorsque ta chère lettre m'est arrivée, je suis restée quelque temps sans oser l'ouvrir. J'espère que, maintenant, ta bonne mère n'est pas loin du but de son voyage ; nous serons tous bien heureux d'avoir de ses nouvelles : tu nous en donneras le plus tôt possible, n'est-ce pas ? Je suis forcée de cesser ; je n'ai pas besoin, n'est-ce pas, chère Marie, de te dire que je pense à toi à chaque instant, que j'aspire au doux moment où je pourrai enfin te voir, t'embrasser. Les amitiés comme les nôtres n'ont pas besoin de paroles...

« Ta fidèle amie,

« MARIA. »

Nous nous permettrons de citer ici une autre lettre de la même amie. Le lecteur remarquera sans doute que les sentiments chrétiens inspirent heureusement des cœurs saintement unis par la charité, et contrastent avec les formules banales et usées qu'on rencontre trop souvent dans les souhaits de bonne année :

« Chère amie,

« J'ai reçu ta bonne lettre avec ta charmante image. Laisse-moi te remercier tout de suite de cet aimable souvenir qui m'a fait bien plaisir, comme tout ce qui me vient de ma chère amie. Je t'aurais écrit pour le 1er janvier, mais j'étais trop souffrante dans ce moment-là ; j'ai passé la première journée de l'année au lit — tristes étrennes, n'est-ce pas ? — Je commence à aller mieux ; j'en profite pour t'offrir, à mon tour, les meilleurs souhaits.

« Sois heureuse, chère amie ; je te désire tout le bonheur possible en ce monde, mais surtout dans l'autre. Le bonheur de ce monde passe vite, et ce n'est pas la peine de tant s'y attacher. Pour nous qui sommes encore bien jeunes, ne trouves-tu pas, chère Marie, que, lorsqu'on regarde dans le passé, les jours qui se sont écoulés depuis notre enfance paraissent une pauvre fumée que le vent a dissipée promptement ? Par bonheur pour nous chrétiens, nous savons que, si le corps périt pour quelque temps, l'âme est immortelle, et que, lorsqu'aux yeux du monde nous paraissons mourir, c'est alors que la vraie vie commence.

« Mais laissons ce sujet sérieux et parlons de toi. Combien je partage la joie que tu as dû éprouver, en revoyant ta bonne mère après une si longue séparation !

« Je comprends ton bonheur par ce que je ressens moi-même, à la pensée de te revoir bientôt.

« Je t'embrasse un million de fois, chère amie,

en te disant : « Viens le plus tôt possible à Gavray, nous t'attendons.

« Ton amie impatiente de te revoir,

« MARIA X... »

Au printemps de l'année 1878, Mlle Bry annonce son prochain départ pour Saint-Pierre à sa « chère Maria », et lui témoigne en même temps le regret de n'avoir pu la revoir avant de quitter la terre de France. Cette lettre, malheureusement, n'existe plus.

Voici ce que lui répondit sa fidèle amie ; le souffle chrétien a passé sur ces lignes, et leur donne un attrait, un charme que le pieux lecteur ressentira sans doute :

Gavray, le 16 mars 1878.

« Bien chère amie,

« Combien la nouvelle de ton départ si imprévu et si subit m'a troublée ! J'attendais toujours une lettre de ta part m'annonçant ton arrivée près de nous, j'étais bien joyeuse, croyant apprendre le jour de cette arrivée tant désirée ; aussi, chère amie, tu comprends ma déception en découvrant la désolante annonce de ton départ.

« Il est donc vrai, amie chérie, que la distance qui nous séparait va encore s'élargir, mais tu sais que je serai souvent près de toi par le cœur

et la pensée. Comme je vais le suivre de mes
vœux, et surtout de mes prières, ce navire qui va
t'emporter, afin qu'il te conduise sans écueil
au port !

« Merci, ma chère petite Marie, pour ta photographie, douce image que je garderai toujours
près de moi ; merci aussi de la pensée que tu
as eue de me faire parvenir, par tes amis de
Granville, la nouvelle, par télégramme, de ton
arrivée à Saint-Pierre. Tu sais si je suis impatiente de la recevoir ! Je n'aurai pas de repos
d'ici là.

« Que penseras-tu, chérie, si cette lettre ne te
parvient pas ? Oh ! je le sais, tu partiras le cœur
triste de n'avoir pu lire quelques lignes de ton
amie, pendant que tu es encore sur la terre de
France. Mais tu ne feras planer aucun doute sur
mon affection. C'est bien là cette connaissance
intime des cœurs, cette sécurité parfaite que
donne, et que peut seule donner, la véritable
amitié...

« Un dernier mot sur nos douces affections.
Le temps passe vite, chère amie ; quelques années
de patience, et j'espère que Dieu nous réunira ;
nous pourrons encore épancher dans nos âmes
nos joies et nos peines, compagnes inséparables
de la vie. En attendant, soyons unies de cœur et
de prières. C'est au pied du crucifix que je te
donne rendez-vous... Je compte sur toi pour

offrir mes plus affectueux souvenirs à ta bonne mère ; surtout, embrasse-la bien pour moi.

« Et maintenant, il faut te dire ce mot devant lequel je recule : « *Adieu,* oui, *à Dieu,* chère amie, c'est à Lui que je te confie pendant cette longue et périlleuse traversée ; je compte sur Lui pour nous réunir encore sur la terre, en attendant l'éternelle réunion.

« Je te serre dans mes bras ; je t'embrasse mille et mille fois de cœur.

« Celle qui t'aime, t'aima et t'aimera toujours,

« MARIA X... »

CHAPITRE XVI

SUITE DU MÊME SUJET.

La lettre suivante, adressée de Saint-Pierre par Mlle Bry, est pleine de sentiments de tendresse et de touchante sollicitude pour sa fidèle amie ; on nous excusera d'en citer la majeure partie :

Saint-Pierre, le 4 septembre 1880.

« Ma chère Maria,

« Quel bonheur j'ai éprouvé en voyant arriver ta chère écriture ! Je voudrais, ma chérie, que tu m'écrivisses souvent, quand même je tarderais à te répondre. C'est beaucoup te demander, sans doute, surtout après avoir tant tardé à t'écrire, à t'exprimer la joie que me causent toujours tes bonnes lettres. Ta dernière m'en causa une vive ; il y avait si longtemps que je n'avais reçu de tes nouvelles ! Ce n'est que trop vrai, hélas !

l'absence est le plus grand des maux ; mon pauvre cœur m'en est témoin, et le désir de revoir ma chère Maria, dans notre France, est bien vif en moi. Ma pensée vagabonde vole souvent vers Gavray, où elle se repaît du souvenir de nos quelques beaux jours d'autrefois. Si mes désirs se réalisent, ma chère Maria, nous compenserons cette longue absence par de douces et fréquentes réunions.

« J'ai regretté vivement de n'avoir pu embrasser ma petite Jeanne, le jour de sa première communion ; je lui aurais dit de prier pour moi, et je suis certaine qu'elle m'eût obtenu une foule de grâces...

« Oui, ma chère Maria, l'hiver m'a paru bien long. Il m'en coûtait beaucoup d'être séparée de ma mère, pendant quatre longs mois. Je sais trop bien ce que c'est que l'absence, pour souffrir que plus tard maman soit séparée de moi.

« Mais, ô égoïsme, je parle continuellement de moi, et j'oublie que, toi aussi, tu as bien souffert cet hiver, quoique d'un autre genre de souffrances. Pauvre chère amie ! C'est alors que je voudrais être auprès de toi, quand les douleurs se font sentir ainsi ; je te réchaufferais de mon amitié, ma bien chère, et je ferais battre en retraite ces vilaines douleurs qui te font souffrir. Heureusement, le printemps t'a apporté du soulagement, et j'espère que maintenant tu te portes à merveille, ainsi que toute ta chère famille. Hélas !

la santé de maman ne s'affermit guère, et les soucis du commerce n'y aident pas. Je souhaiterais, pour cette raison, qu'elle allât passer l'hiver en France, où elle aurait plus de distraction, et une moins rigoureuse saison...

« Adieu, ma chère amie, je t'embrasse le plus tendrement possible, et te prie de croire à ma profonde et inaltérable amitié.

« MARIE BRY. »

C'est surtout à l'époque des fêtes, où l'Église prie plus particulièrement pour les défunts, que Mlle Bry, pleurant un père vivement regretté, recevait, dans les lettres pleines de foi et de céleste onction de sa chère amie, de précieux encouragements et de puissantes consolations, pour adoucir les poignantes douleurs dont son cœur était alors opprimé. Nous citons ces lettres les dernières, quoique dans l'ordre des dates elles soient des premières.

Gavray, le 2 novembre 1875, 8 heures du soir.

« Ma chère petite Marie,

« Voici mon premier moment de liberté, je veux en profiter pour t'écrire; car je ne veux pas que cette triste journée s'écoule sans t'adresser quelques lignes; ma conscience de cœur me le reprocherait trop.

« J'aurais voulu, ma bien chère Marie, pouvoir

passer cette journée près de toi, pour prier avec toi, et te dire de vive voix combien je prends part à ta peine ; mais, si je n'ai pas eu cette consolation, je me suis unie à toi de cœur et de prières. Oh oui ! j'ai bien prié pour toi, j'ai demandé pour toi la force nécessaire pour supporter tes peines. Pour ton bon père, j'ai demandé « le lieu du rafraîchissement, de la lumière et de la paix. » Quelle douce chose que la prière ! c'est bien notre meilleure consolation. Ah ! qui, se mettant à genoux, le cœur rempli de larmes, ne s'est relevé consolé ! « La foi nous donne l'espérance, et il n'est pas permis aux chrétiens de s'affliger, comme ceux qui ne connaissent pas Dieu. Ne pleurons point comme ceux qui n'ont pas d'espérance, résignons-nous donc avec Marie et pleurons en silence. La résignation est la force des faibles. C'est avec la prière l'arme la plus puissante contre le chagrin.

« Acceptons en chrétiennes, chère amie, le calice que le Christ a voulu approcher de nos lèvres, et le suivant jusqu'au bout, disons à nos chers morts : « Levez-vous et sortez du tombeau. » Cette parole est-elle trop présomptueuse, et nos prières ont-elles réellement la puissance de tirer des ténèbres, et de faire entrer dans la lumière des cieux, les âmes des êtres bien-aimés qui nous ont précédés ? N'en doutons pas, la parole de Dieu est formelle. Les portes du ciel s'ouvriront devant la prière et l'aumône, et le jour des Morts est un jour propice, pour appliquer aux âmes qui nous sont chères, nos prières et nos bonnes œuvres [1]. »

« Ma bien chère Marie, je ne t'en dirai pas davantage; je sens que mon amitié pour toi, comme toute chose humaine, est impuissante pour te consoler; mais je me sers de Dieu, je le prie pour toi, avec toi et aussi pour ta bonne mère. A bientôt, ma chère petite Marie, je t'écrirai encore le 15... Je t'envoie ce griffonnage, sachant que ce n'est pas l'écriture que tu regarderas, mais mon cœur, et tu te diras, n'est-ce pas? ma chérie : « Son cœur seul a parlé, elle m'aime, cela me suffit ! »

« Ton amie bien affectionnée,

« MARIA X. »

« La petite Marie », n'ayant alors que de quatorze à quinze ans, fit à sa *chère consolatrice* la réponse suivante, où une douce philosophie, inspirée sans efforts par le sentiment chrétien, se mêle aux expansions d'une pure amitié :

Granville, le 3 novembre 1875, au soir.

« Amie bien-aimée,

« Que ta lettre, que je viens de recevoir, m'a fait de bien! Que tu es bonne, amie, de l'inté-

1 Mme de Travanet, *Conseiller des familles*. N° de novembre 1875.

resser aux chagrins de mon pauvre cœur! Hier je
t'ai écrit; mais si je ne t'ai pas confié toutes mes
peines, pardonne-moi. Te voyant si heureuse,
entourée de ton père, de ta mère. et d'une sœur
chérie, je me demandais si moi, pauvre orpheline,
j'avais le droit de jeter un nuage sur tes joies, et
voilà que tu préviens les désirs de mon cœur.
Oh! qu'elle m'a fait de bien, cette bonne, douce,
aimable et consolante lettre, où tu me montres
l'espérance à chaque mot! C'est ton amitié qui me
console et me fortifie. Ne crois pas cependant
que j'aie douté de ton cœur. Oh! non, mille fois
non; mais je me suis dit que si je te disais mes
peines, tu t'attristerais, et je ne voulais pas t'attrister. J'ai eu tort, si tu veux, j'en conviens; mais
considère si je ne mérite pas même beaucoup
d'indulgence. Encore une fois, tu te vois en face
d'êtres chéris et aimés, et aucune place n'est vide
devant toi; moi, au contraire, je suis, hélas! en
face de la tombe d'un père tendrement aimé, aimé
au delà de toute expression et plus qu'aucun père
ne l'a jamais été. Et puis, il est mort si jeune, à
peine âgé de trente-trois ans! La mort frappe en
aveugle; mais pourquoi ne m'a-t-elle pas enlevée
avec mon regretté père? Mais que dis-je? Il faut
que je vive, que je vive pour ma mère...

« Amie aimée plus qu'aucune amie, je voudrais
pouvoir te dire mon amitié pour toi, mais je ne
le puis; tu me comprends, j'en suis sûre. Puis-je

te remercier assez pour cette lettre, comme peut
n'en faire qu'une amie telle que toi? Que je te
voudrais près de moi pour verser mes larmes sur
ton cœur!

« L'amitié », a dit je ne sais plus quel poète,
« est une âme qui habite deux corps. » Est-ce
que cela ne ressemble pas à notre amitié?

« J'ai bien pensé à toi, pendant ces jours de
deuil, de prières et de douce espérance ; et d'abord,
lorsque j'ai communié, je t'ai bien mêlée à ce que
mon cœur renferme de plus tendre.

« Dis-moi, chère consolatrice, n'est-elle pas
bien belle, cette religion qui nous apprend à
croire au ciel, à espérer que tous nos chers morts
y sont, ou nous permet du moins de leur aider à
y entrer? Oh! oui, elle est bien belle; nulle part
ailleurs on ne trouve des vérités aussi consolantes
basées sur des vertus si sublimes : foi, espérance,
charité, ou amour, ou amitié, mot si doux! Chère
amie, j'espère beaucoup, mais prie néanmoins
pour ceux que j'aime tant; unis de cœur tes prières aux miennes. Moi, je prie pour toi pour que
le Ciel accorde à tes parents des jours bien longs :
c'est si dur d'être orpheline! Mais j'ai encore ma
mère, ma pauvre mère, si triste, si souffrante! Il
faut cependant que je me fasse violence, pour que
le sourire vienne encore effleurer ses lèvres. »

Le 9 novembre au soir.

« J'en étais là de ma causerie, lorsqu'une circonstance imprévue m'a empêchée de la continuer. Ces derniers jours je n'ai pu le faire; aujourd'hui je viens reprendre avec toi mes doux épanchements, qui ne te fatigueront pas; au contraire, ils te feront plaisir.

« N'as-tu pas remarqué, chère amie, que le soir, lorsqu'on est seule et qu'on entend la pluie battre le pavé, une sorte de tristesse vous prend? C'est là ce que j'éprouve; cependant mon âme est plus tranquille qu'il y a huit jours. Mais mon cœur saignera toujours...

« Je lis en ce moment *Eugénie de Guérin* : qu'elle est donc aimable pour ses amies! Je voudrais bien avoir son amabilité pour toi; mais malheureusement, contre ma volonté, je n'en ai aucune. Quelle drôle d'amie tu t'es choisie, chère Maria! Tu penses bien que ce chapitre ne m'empêchera pas de t'écrire la première, car j'ai trop de plaisir à le faire pour diminuer le nombre de mes lettres. J'attends, comme tu me l'as promis, une de tes chères missives le 16 ; j'ai toujours tant de plaisir à lire ton écriture, et les moments que j'y consacre sont dix fois trop courts à mon gré...

« J'aurais à te dire une foule de choses que malheureusement on ne peut pas confier à une lettre;

mais tu ne perdras rien pour attendre, comme on dit vulgairement, et je t'assure que j'en aurai à te dire quand je te verrai. Je voudrais que les mois fussent des jours pour te voir plus tôt. Mais les jours d'hiver sont si longs, et le printemps tarde tant à venir! Le printemps est la saison des fleurs; il amènera pour moi aussi une fleur bien-aimée et bien rare. Si tu m'en demandes le nom je te répondrai : « C'est *Maria,* le nom de cette chère fleur que j'aurai le bonheur de posséder. »

« Je finis ma lettre en te priant de présenter, pour moi ainsi que pour maman, nos respects à tes bons parents, et en embrassant Jeanne à pincette sur les deux joues et deux fois.

« Je t'embrasse mille et une fois comme je t'aime et te dis bonsoir et bonne nuit.

« Ton amie,« Marie Bry. »

L'année suivante, comme le même anniversaire ramenait au cœur de Mlle Bry les mêmes douloureuses émotions, sa compatissante amie prit les devants, et essaya encore une fois de consoler l'âme affligée de sa chère Marie par les douces pensées de l'espérance chrétienne.

Gavray, le 1er novembre 1876.

« Ma bien chère Marie,

« Je ne veux pas que la triste journée de demain se passe sans que tu aies reçu une lettre de ton amie. Je sais que plus on souffre, plus on a besoin d'affection ; voilà pourquoi je viens de nouveau te témoigner la mienne.

« Que ne puis-je être près de toi, ma pauvre chère amie, non pour te consoler, ce serait une tâche au-dessus de mes forces, mais pour pleurer avec toi, t'aider à porter ton fardeau si pesant ! Mais tu sais, n'est-ce pas, que je ne puis être près de toi ? J'y suis néanmoins par le cœur et par la pensée. Je prie pour toi, et j'espère que le bon Dieu t'accordera les grâces que je lui demande. Sans la prière, sans la pensée du ciel, que deviendrions-nous ? Mais Dieu a tout prévu ; aussi, avant de nous montrer les douleurs qu'endurent les âmes souffrantes, il nous entr'ouvre le ciel pour nous montrer les saints jouissant du bonheur éternel, afin de nous engager à souffrir courageusement pour arriver un jour, nous aussi, à la gloire.

« Tu as sans doute vu, chère amie, dans l'évangile d'aujourd'hui, cette parole consolante : « *Bien-* « *heureux ceux qui pleurent, ils seront consolés.* » Quel bien font ces paroles ! Elles se placent comme un baume sur la plaie du cœur, et si elles ne la cicatrisent pas, du moins elles en adoucissent les douleurs. Il en est un peu de même de l'amitié, n'est-ce pas ? Ah ! si je pouvais me dire que l'affection que j'ai pour toi est un adoucissement à ta douleur, je m'estimerais bien heureuse !

« Je t'envoie une petite prière pour les âmes du purgatoire, que j'ai copiée à ton intention. Je suis certaine que cela te fera plaisir ; il est si doux de prier pour ces pauvres âmes !

« Une pensée bien consolante encore, c'est qu'il nous est permis de demander des grâces à Dieu, par l'intermédiaire de ces chères âmes. Il s'établit ainsi des relations intimes, entre les âmes qui souffrent sur la terre et celles qui souffrent pour satisfaire à la justice de Dieu : les premières sacrifient tout ce qu'elles peuvent pour le soulagement des secondes ; et les âmes du purgatoire obtiennent de Dieu la permission de venir en aide aux âmes qu'elles aimaient sur la terre ; elles leur servent pour ainsi dire d'anges gardiens. N'est-ce pas, ma chérie, qu'elle est consolante, la pensée qui nous permet de vivre dans la société d'une âme bien-aimée, que la mort nous a ravie ? « Elle ne « s'est pas éloignée en devenant invisible, dit « Fénelon, elle nous voit, elle nous aime, elle est « touchée de nos besoins. » Quelle douce pensée !

« Ma chère Marie, je voudrais pouvoir continuer à causer plus longtemps sur ce sujet, mais il est tard et je tiens à ce que ma lettre parte. J'aurais voulu t'écrire dès ce matin, mais j'étais si souffrante que cela m'était impossible ; cette après-midi je ne le pouvais pas davantage ; je ne suis mieux que depuis quelques instants, tu vois que j'en profite. Si tu savais quelle privation ç'a été pour moi de ne pouvoir aller à la messe ! Mais pourquoi me plaindre ? Qu'est-ce que ces peines auprès de ce que tu éprouves ?

« De force, je te quitte ; à bientôt, ma chère amie ; offre, je t'en prie, mon affectueux respect à ta bonne mère, mes parents me chargent de leur meilleur souvenir pour elle et pour toi. Ma sœur Jeanne t'embrasse tendrement, et moi je mets mes bras autour de ton cou, et je t'embrasse mille et mille fois, comme je t'aime, c'est à dire bien tendrement.

« Ta meilleure amie,　　« MARIA. »

La réponse de Mlle Bry à cette belle et consolante lettre n'a pas été conservée, malheureusement.

On le voit, l'amitié entre ces deux cœurs si tendrement unis, était autre chose qu'un commerce doux et agréable, une vaine consolation, dont les effets ne devaient pas franchir l'horizon borné de cette vie passagère ; mais elle était quelque chose de noble, de sublime, de divin.

Dans cette union étroite avec une autre elle-même, les deux amies voyaient un puissant moyen de s'encourager mutuellement à endurer plus patiemment les douleurs et les épreuves de l'exil, et de marcher, la main dans la main, d'un pas plus allègre et plus ferme, vers la patrie d'en haut.

Quelques vers adressés par Mlle Bry à son amie, nous montrent bien clairement quelle idée elle se faisait de l'amitié :

Quand l'amitié chrétienne, au chemin de la vie
Vient à nous comme l'ange au seuil du vieux Tobie,
Le voyageur prudent, sous le voile mortel
Reconnaît sans effort le divin Raphaël.
Un ami selon Dieu, loin d'abaisser notre âme,
L'élève vers le ciel, la réchauffe, l'enflamme ;
Il affermit nos pas dans la route du bien,
Il est notre conseil, il est notre soutien.

Telle fut l'union entre ces deux cœurs dignes l'un de l'autre. On peut, sans crainte, la proposer comme un type d'amitié chrétienne.

Hélas ! que de fois on décore du nom d'amitié, nom tout divin, des liaisons d'où non seulement Dieu est exclu, mais qui de leur nature éloignent de Lui. Puissent donc toutes les amitiés de ce monde ressembler à celle dont Mlle Bry nous fournit un si beau modèle !

CHAPITRE XVII

La piété filiale, on le sait, nous porte à rendre
à nos parents le respect, l'obéissance, l'amour et
les services que nous leur devons. Elle est après
la vertu de religion la plus importante de toutes
celles qui relèvent de la justice. Or, nous pouvons ajouter que cette vertu est la fleur la plus
fraîche et la plus odorante qui ait embelli et
embaumé le jardin de l'âme de Mlle Bry. Après
l'amour si fort et si doux pour son Dieu, aucun
amour n'a fait tressaillir les fibres de son cœur
avec une harmonie plus délicieuse, que l'amour
si tendre, si vif, si démonstratif pour ses parents,
et en particulier pour sa « petite mère chérie ».
Nous en avons donné des preuves nombreuses ;
toute l'existence de Marie-Élisabeth, comme on
a pu s'en convaincre, a été un exercice continuel de cette douce et aimable vertu ; elle est

comme la note dominante de toute sa vie. Le lecteur se rappelle sans doute les nombreuses lettres de Mlle Bry à sa mère ; partout le cœur déborde ; cette enfant aimante ne laissait guère s'envoler une lettre sans y mettre le sceau de son inimitable tendresse filiale. Les expressions comme les suivantes abondent : « Toi qui es mon seul trésor » ; « Je mourrais loin de toi » ; « Ta fille qui t'aime et t'aimera toujours plus qu'elle-même », etc.

Ce que nous avons dit jusqu'ici sur ce sujet suffit amplement, croyons-nous, pour justifier le titre que nous avons donné à cette biographie : « *Un parfait modèle de piété filiale.* » Toutefois nous aimons à réunir dans un chapitre spécial un petit nombre de paroles et de faits saillants, afin d'éclairer d'une lumière encore plus vive le beau côté de cette courte et pieuse existence.

Qu'on veuille bien remarquer les lignes suivantes toutes frémissantes de filiale tendresse, et qui, à notre avis, laissent bien loin derrière elles les accents les plus émus, les plus passionnés et les plus délirants des héros de romans : « Chère petite mère, si tu pouvais me voir, ton œil de mère découvrirait que je suis triste, bien triste, que mon âme languit, qu'il me faudrait ta présence pour la guérir. Oh ! qu'ils sont doux, qu'ils sont indissolubles, les liens qui unissent une mère à son enfant, un enfant à sa mère, et qu'on voit combien l'on s'aime, alors qu'on est séparé! Le jour, la nuit, lorsque je veille, lorsque je dors, partout, toujours, je pense à toi, ma bien-aimée, et je suis folle de joie quand je pense que, dans deux mois, je t'embrasserai. Je voudrais que les jours n'aient que douze heures et les mois que huit jours. » (Lettre du 30 septembre 1877.)

Citons encore les lignes que nous adressa son intime amie Mlle Maria X. : « J'ai eu bien des fois l'occasion d'observer et d'apprécier les trésors de tendresse que renfermait le cœur de Marie ; sa mère était sa suprême affection après Dieu, et elle m'en parlait d'une manière qui m'a émue plus d'une fois..... Dans notre dernière entrevue, je crois me souvenir qu'elle me parla uniquement de sa mère, et ce jour-là je remarquai, comme je l'avais fait bien des fois, son amour filial porté au plus haut degré. » (Lettre du 30 avril 1885.)

A Saint-Pierre, Mme Bry envoyait de temps en temps sa fille se distraire dans la compagnie de ses amies. Marie-Élisabeth y allait par obéissance ; mais, quelque vive que pût être son affection pour ses amies, à peine était-elle éloignée depuis quelques minutes de sa tendre mère que la pensée de « la laisser seule entre quatre murs », comme elle disait, lui serrait le cœur ; la piété filiale, comme un puissant aimant, la ramenait, en quelque sorte malgré elle, vers sa « petite mère chérie », le centre de toutes ses affections terrestres. Cette dernière lui faisait parfois des reproches pour ce manque d'égards envers des amies dévouées. Pour toute réponse, Marie-Élisabeth se jetait à son cou, l'embrassait à plusieurs reprises avec effusion, lui prodiguait mille caresses. — « Ah ! laisse-moi, lui disait alors sa mère, tu me fatigues. » Ces paroles, loin de paralyser le touchant élan de cette fille aimante, ne faisaient qu'aiguillonner et multiplier de plus en plus les témoignages de la plus affectueuse tendresse. « Vois-tu, petite mère », lui disait-elle en redoublant de caresses, « vois-tu, il n'y a que toi que j'aime sur la terre. »

Pour se faire une idée encore plus exacte de l'amour filial de Mlle Bry, il faudrait avoir vu dans sa dernière maladie cette enfant au cœur si affectueux, sourire à sa mère, de ces sourires empreints de toute la véhémence et de toute l'ineffable tendresse filiale dont un cœur humain peut être capable ; on eût dit que son âme s'efforçait de briser sa fragile enveloppe, pour s'unir et se confondre avec l'âme de sa mère. Cet amour filial se traduisait sans cesse, dans cette circonstance, par les plus touchantes sollicitudes. Quelques heures seulement avant de rendre le dernier soupir, elle dit encore à sa garde-malade : « Avez-vous pensé à maman ?

Occupez-vous de maman ; faites-lui prendre du bouillon. »

L'amour si vif et si tendre que Marie-Élisabeth avait voué à sa mère, était inséparable de celui qui a constamment fait battre son cœur pour son regretté père. Elle confond, ou, comme elle dit, elle « mêle » sans cesse, dans la même prière, ce père et cette mère. « M. l'abbé Leroux, écrit-elle à celle-ci, m'a promis la messe du 7 avril. J'y communierai pour mon père et pour toi, c'est-à-dire pour ceux que j'aime le plus au monde, mon père au ciel, ma mère sur la terre. Je dépose de loin un souvenir sur sa tombe chérie. »

Un peu plus tard, à l'occasion du quatrième anniversaire de la mort de son père, elle écrit encore : « Mère bien-aimée, c'est un bien triste jour, que celui qui nous rappelle un si doulou-reux souvenir, et je ressens les poignantes émo-tions que tu as dû ressentir en voyant la mort faucher la tête de notre famille. Et puisque toi, du moins, à l'anniversaire d'un pareil jour, tu peux aller prier sur la tombe de *celui* qui n'est plus, dépose sur cette pierre mille fois bénie un souvenir, une fleur, une prière, en attendant que sa fille, que ta fille aille y pleurer avec toi. » (Lettre du 30 septembre 1877.)

On se rappelle sans doute dans quels termes elle parle de son regretté père, dans une lettre

adressée à son amie préférée : « Un père tendrement aimé, aimé au delà de toute expression, et
plus qu'aucun père ne l'a jamais été. » Huit ans
après cette perte douloureuse, une tante trouva la
pauvre enfant pleurant toute une après-midi à
la pensée de celui qu'elle chérissait d'une si vive
et si profonde tendresse.

Mais cet amour n'était pas un amour de pur
sentiment, une affection stérile et inutile à l'objet
aimé, c'était un amour effectif cherchant à procurer le soulagement et la délivrance d'une âme
si chère à son cœur. Arrivée à Saint-Pierre, elle
ira souvent au cimetière « où était enterrée la
moitié de son cœur, » non seulement pour
pleurer, mais surtout pour prier sur cette tombe
chérie ; elle continuera à faire offrir le Saint-
Sacrifice de la messe et communiera souvent
pour l'âme de son père. Une des grandes
dévotions de Mlle Bry a été celle qu'elle montrait
pour les âmes du Purgatoire ; elle associait
volontiers tous les défunts aux nombreuses
prières qu'elle offrait sans cesse pour le plus
cher de tous les défunts.

Nous avons déjà dit que les personnes liées
d'amitié avec M. Bry restèrent particulièrement
chères à sa fille. Dans sa dernière maladie,
sentant que le temps d'aller rejoindre ce « père
chéri » approchait, elle dit à un de ses parents :
« Surtout recevez bien le capitaine X... cet

intime ami de mon père. » La dernière parole qu'ont murmurée ses lèvres défaillantes, une heure avant de mourir, était « papa » à trois reprises différentes. Était-ce une apparition de ce père tant aimé? était-ce un simple effet de l'imagination? Quoi qu'il en soit, la dernière parole de la pieuse enfant a été pour son père, comme son dernier regard et son dernier sourire ont été pour sa mère, et comme sa dernière pensée et le dernier battement de son cœur ont été pour son Dieu.

CHAPITRE XVIII

VERTU DE RELIGION DANS Mlle BRY

De toutes les vertus qui relèvent de la justice, la plus importante est la vertu de religion. L'homme sortant des mains de Dieu, tenant de Lui son existence et tout ce qu'il possède, il est de toute justice qu'il Le reconnaisse comme son Créateur et son souverain Maître, en lui rendant le culte et l'honneur qui lui sont dus. Or, c'est en cela précisément que consiste la vertu de religion.

Toute la vie de Mlle Bry a été consacrée à rendre à Dieu ce culte souverain. Elle a manifesté, en particulier, un grand attrait pour les offices, les cérémonies et les prières publiques de l'Église. Lors même qu'elle avait déjà satisfait au précepte, en assistant à une messe où elle avait communié, elle se faisait un pieux devoir, une sainte joie, de s'unir au chant des louanges de

Dieu, à la grand'messe. Douée d'une belle voix, son bonheur était de la faire servir à rehausser la solennité des offices du couvent, dont elle n'a jamais perdu le souvenir. Non seulement le dimanche, mais encore les jours de fête qui ne sont point d'obligation, elle tenait à assister aux offices. Les jours ordinaires, quand sa santé ou ses occupations le lui permettaient, elle était heureuse d'honorer Dieu par l'assistance à la sainte Messe. Cette louable coutume, que nous serions presque tenté d'appeler un thermomètre indiquant le degré de foi et de piété d'une paroisse, tend malheureusement de plus en plus à disparaître dans beaucoup de pays.

Une des pratiques par lesquelles Mlle Bry aimait surtout à honorer Dieu était la fréquente récitation des actes de foi, d'espérance et de charité. C'était là comme un besoin de son âme éclairée d'une foi si vive; nous ne serons donc pas surpris que sur son lit de mort, elle recommandât à la personne qui l'assistait de lui répéter ces actes de préférence à d'autres prières.

Toute jeune, Marie-Élisabeth lisait et relisait, dans la *Journée du chrétien*, une explication détaillée du Symbole des apôtres; les pages, à cet endroit, ont conservé les traces évidentes d'une fréquente lecture. Plus tard, elle aimait à prendre connaissance des *Annales de la Propagation de la foi;* elle suivait, avec le plus grand intérêt, l'extension du règne de Jésus-Christ dans les contrées infidèles. Le dévouement des missionnaires et des religieuses éveillait dans son âme la plus sincère admiration et parfois le désir de les imiter. « Que dirais-tu, demandait-elle à une parente, si je me faisais religieuse pour aller en Chine, aider à la conversion des infidèles? » — « Y penses-tu, lui disait cette dernière, et que deviendrait ta mère? » — « C'est vrai, répondit-elle, le bon Dieu n'exige pas de moi le sacrifice de quitter ma mère. »

L'esprit de foi et de religion dont elle était sans cesse animée lui inspirait le plus profond respect pour le lieu saint. Elle paraissait toute pénétrée de la présence de Dieu et absorbée dans la prière, ne détournant pas même les regards. « M{{lle}} Bry », dit une personne qui se trouvait près d'elle à l'église, « ne détachait ses yeux de son livre d'office que pour les reporter sur l'autel ». Hélas! que de fois un spectacle tout opposé navre le cœur des vrais fidèles, lorsqu'ils ont la douleur d'être témoins de conversations frivoles et d'une dissipation vraiment scandaleuse! On pourrait se demander si les personnes coupables d'un si révoltant désordre savent distinguer entre un lieu sacré où réside la majesté auguste de Dieu lui-même et un simple lieu profane; entre une cérémonie religieuse et une fête mondaine.

L'âme de M{{lle}} Bry s'indignait avec véhémence

en face de tout manque de respect, soit dans l'église soit au dehors, comme dans les processions ou les enterrements. Un jour, pendant sa dernière maladie, on lui rapporta qu'aux funérailles d'une jeune fille, ses compagnes poussèrent l'oubli du respect et même des plus simples convenances, jusqu'à causer tout haut de plaisirs mondains et rire aux éclats autour du cercueil. Le prêtre, qui présidait à l'enterrement, se vit forcé, lui dit-on, de faire arrêter le convoi, pour flétrir publiquement une conduite si honteuse et si scandaleuse. A ce récit, elle fut tellement affligée qu'elle ne trouva pas d'expression assez énergique pour manifester sa douleur et son indignation en présence d'un pareil scandale.

Cet esprit de foi et de religion de Mlle Bry se montrait dans le respect qu'elle témoignait au prêtre. Elle pratiquait à la lettre l'enseignement qu'elle avait reçu aux conférences religieuses du couvent; nous lisons dans la rédaction qu'elle fit d'une de ces instructions : « Les fidèles doivent honorer les ministres de Dieu, parce qu'ils représentent Jésus-Christ et tiennent sa place sur la terre. » En saluant le prêtre, elle ne pensait pas s'acquitter d'un devoir ordinaire de civilité, mais faire un véritable acte de foi et de religion. Elle était fort éloignée d'imiter ces personnes qui passant dans la rue à côté du prêtre, ont l'air de se renfermer dans leur dignité et de s’attendre à être saluées les premières, et qui, lorsqu’elles sont déçues dans leur attente, se plaignent parfois du manque d’égards du ministre de Dieu.

Elle manifestait encore son esprit de foi par son dévouement à instruire des premiers éléments de la religion sa petite filleule, qu’elle faisait venir auprès d’elle certains jours ; elle prenait ainsi au sérieux ses obligations de marraine. Ce même service elle le rendait à d’autres enfants et plus spécialement à ceux de sa parenté. Elle avait un soin tout particulier de ses cousins et de ses cousines à l’époque de leur première communion. Quand vint le moment où « sa chère Louisette » devait s’approcher pour la première fois de son Dieu, Marie-Élisabeth demanda et obtint de la garder auprès d’elle les jours précédents, afin de lui épargner les distractions ou les dérangements qu’elle aurait pu rencontrer, soit en route, soit dans sa famille. Elle s’efforça de préparer de son mieux sa chère cousine à une bonne confession, puis de faire passer dans son âme les sentiments si vifs de foi et d’amour pour la divine Eucharistie, dont son propre cœur débordait. Le jour de la Communion, Marie-Élisabeth revêtit sa « bonne Louisette » de la belle robe blanche que ses doigts habiles avaient confectionnée ; elle la conduisit à l’église et la ramena ; en un mot, elle agit à son égard, comme pourrait seule le faire la mère la plus pieuse et la plus dévouée.

Inspirée par sa foi et par sa charité, Mlle Bry exerçait une espèce d'apostolat autour d'elle, surtout auprès des membres de sa famille. Elle recourait tour à tour aux conseils, aux prières, aux reproches, pour les déterminer à remplir fidèlement leurs devoirs religieux. Lors du mariage d'une de ses cousines, elle l'exhorta à communier, lui en montra tous les avantages dans cette circonstance si importante de la vie, et, pour l'y décider plus sûrement, elle l'accompagna, la veille, au tribunal de la Pénitence, et le jour du mariage elle fit la sainte Communion avec cette chère cousine et à son intention.

Sa « bonne Louisette », dont nous avons parlé tout à l'heure, se trouvait atteinte d'une maladie qui ne laissait plus d'espoir ; déjà les premières démarches du prêtre, qu'on avait appelé pour la préparer aux derniers sacrements, étaient restées infructueuses.

A cette nouvelle, la foi et la charité de Mlle Bry s'alarment vivement. Elle court tout droit auprès de la malade, la supplie de se confesser, et devant un nouveau refus, elle va toute désolée trouver son confesseur, lui fait ses excuses du mauvais accueil que la malade lui avait fait, et lui demande une messe pour le lendemain matin, afin d'obtenir la grâce que sa cousine ne mourût pas sans avoir reçu les derniers sacrements. Elle lui demanda encore un cordon bénit de Saint-Joseph, qu'elle se hâta de porter et de mettre elle-même à la malade. Elle avait déjà commencé une neuvaine, à laquelle elle avait associé ses parentes, afin d'obtenir la santé de l'âme et du corps de cette chère cousine ; cette neuvaine devait se terminer par la sainte Communion, à laquelle elle invita ses parentes. Ses prières et sa confiance en saint Joseph devaient être exaucées ; le surlendemain sa « chère Louisette » s'était confessée.

Mais le pieux rôle de Marie-Élisabeth n'était pas encore achevé. Elle voulut elle-même la préparer à la réception du saint Viatique, comme elle l'avait déjà préparée à sa première communion. Elle se leva donc de grand matin, et malgré l'obscurité, le froid et la difficulté d'un long trajet, elle arriva bientôt auprès de sa chère malade. Elle ranima sa foi, sa confiance et son amour pour le Dieu qui allait s'unir à elle pour la dernière fois. Quand le prêtre arriva avec le saint Viatique, elle tomba à genoux, se prosterna et adora avec une foi si vive, que ce dernier (qui ne la connaissait pas) en fut extraordinairement édifié. Puis elle aida sa « bonne Louisette » à faire une fervente action de grâces, lui en suggéra les sentiments ; enfin elle la quitta, mais non sans l'avoir encouragée à une parfaite résignation, et l'avoir embrassée tendrement avec la promesse de revenir bientôt.

Cet admirable esprit de foi, de zèle et de charité se manifesta tout particulièrement dans la dernière maladie de Mlle Bry. Nous n'en citerons qu'un trait. La veille de sa mort, entrevoyant déjà les splendeurs et la félicité d'un autre monde, elle s'efforça d'y attirer après elle tous les siens. Auprès de son lit se tenait un de ses parents en retard pour ses devoirs religieux ; à sa vue, son âme s'émut de compassion, son zèle s'enflamma, et la charité lui prêtant une énergie surhumaine, elle l'apostropha en ces termes : « Et toi, malheureux, fais tes Pâques ; c'est peut-être ta dernière année. Rappelle-toi les deux frères X*** qui viennent de se perdre en mer ; le même malheur peut t'arriver. » L'accent pénétré de cette voix défaillante donna encore plus de force à cette prédication faite au seuil de l'éternité, et impressionna les assistants au delà de toute expression.

Telle fut en Mlle Bry la vertu de religion, accompagnée chez elle d'une foi si vive, d'une si ardente charité et d'un si grand zèle. Il nous reste à considérer dans sa vie la dernière et la plus désirable de toutes les vertus relevant de la justice, sa tendre et solide piété.

CHAPITRE XIX

« La vertu de religion, dit saint Thomas, nous
porte à rendre à Dieu nos devoirs comme à notre
Créateur ; mais la piété fait naître dans nos cœurs
une affection tendre et filiale, qui nous incline à
honorer et à aimer Dieu comme notre *Père.* »
C'est dans ce sens qu'il faut entendre les paroles
de l'Apôtre : « Vous avez reçu l'esprit d'adoption
des enfants, dans lequel nous crions : *Abba,* Père. »
(Rom., viii, 15.) L'Esprit-Saint, dont procède
le don de piété, l'offre, à divers degrés, à tous
les chrétiens, spécialement dans le sacrement
de confirmation ; mais, malheureusement, peu
d'entre eux l'apprécient à sa juste valeur, peu
se soucient de le faire fructifier dans leur âme.
Ce don divin est cependant d'un prix inappréciable : il amollit la dureté naturelle de notre
cœur qui, non seulement nous empêcherait

d'aimer Dieu comme notre Père, mais même nous porterait à le haïr en nous entraînant au péché mortel.

Un second avantage du don de piété, c'est de nous faire aimer sincèrement le prochain. C'est ainsi que, d'après saint Paul, « *la piété est utile à tout, ayant la promesse de la vie présente et de la vie future.* » (I TIMOTH., IV, 8.)

Nous avons vu avec quelle vive tendresse Marie-Élisabeth chérissait ses parents ; or, les trésors d'affection qu'elle déversait sur eux et sur le prochain en général n'étaient que le fruit de cette sainte joie, de ce tendre amour avec lequel elle aimait et servait Dieu. Dieu était avant tout pour elle un Père bien-aimé ; c'est pour Lui qu'elle réservait tout ce que renfermait de plus pur, de plus fort, de plus tendre et de plus délicieux son cœur, où la puissance d'aimer était portée à un degré très élevé.

La piété de Mlle Bry, dès ses plus tendres années, se manifestait d'une manière sensible.

« Le jour de sa confession générale, la veille de sa première communion », dit une de ses maîtresses, « la petite Marie, sous l'effet du regret de ses fautes, fondit en larmes à tel point, que nous nous vîmes obligées de lui faire remarquer que cet excès de sensibilité pouvait nuire à une bonne préparation au lendemain. Cette même dévotion sensible se remarquait en elle à l'occasion de ses communions, et surtout des retraites auxquelles elle assista. »

« D'une piété tendre et solide, » nous écrivit de son côté la Rév. Mère Chaumont, « Marie remplissait tous ses exercices avec une exacte ponctualité. Lorsqu'elle se disposait à s'approcher des sacrements, sa conduite devenait plus régulière encore ; et bien qu'elle ne fît rien d'extraordinaire et passât dans la foule, l'œil observateur savait découvrir, dans cette âme candide et généreuse, les mille petits sacrifices imposés à sa nature pour préparer une demeure à Celui qu'elle nommait si bien : « *le bon Dieu de ma première communion.* »

La piété est comme la perfection de l'amour ; or, l'amour tendant essentiellement au rapprochement, à l'union, il doit en être de même, à plus forte raison, de la piété. Un enfant bien né n'aime-t-il pas à se trouver auprès de son père et de sa mère, à s'entretenir avec eux, à leur ouvrir son cœur ? Ainsi en est-il d'une âme pieuse à l'égard de Dieu.

Cette douce et ineffable union avec son Père céleste, entretenue par la pensée fréquente de Dieu, Mlle Bry la pratiquait particulièrement par la prière, les bonnes et pieuses lectures, les visites au Très-Saint-Sacrement, et surtout par la sainte communion, l'union par excellence de l'exil.

La prière était comme un besoin de son âme, une nourriture dont elle était affamée. Dans la prière son cœur s'échauffait, se dilatait; sous l'effet des nombreuses afflictions dont sa vie a été semée, ce cœur s'épanchait, se déversait dans celui de Dieu. Grâce à son profond esprit de foi, toute la journée était, pour elle, comme une continuelle prière. Outre les moments qu'elle se réservait pour s'acquitter d'un si doux devoir, elle aimait, tout particulièrement le soir après les occupations de la journée, à prolonger les entretiens avec le Dieu de son cœur. Selon la recommandation de Notre-Seigneur, elle se renfermait seule dans un appartement et profitait, à cet effet, de l'heure où le calme et le silence de la nuit favorisaient encore davantage son pieux recueillement.

A la prière, Marie-Élisabeth ajoutait d'ordinaire de pieuses lectures; souvent même la prière entrecoupait la lecture. Outre un choix de livres pieux, elle possédait une collection très nombreuse et bien précieuse de divers opuscules et feuilles de piété dont elle faisait un fréquent usage. Presque toutes ces feuilles étaient appropriées d'une manière frappante à la forme spéciale de sa piété, aux besoins particuliers de son âme.

Elle en conservait un grand nombre dans ses divers livres de piété, et, de la sorte, la simple

vue de ces feuilles souvent relues suffisait
pour pénétrer son âme d'une douce et salutaire
onction. Comme l'abeille, dans la belle saison,
ramasse son miel en butinant de fleur en fleur,
de même Mlle Bry recueillait avidement de toutes
parts de saintes pensées, de pieuses affections, de
salutaires résolutions suggérées par des cœurs
tout brûlants de l'amour de Dieu ; elle les faisait
siennes, se les assimilait, les perfectionnait·par
la rare délicatesse de ses sentiments ; en un mot,
elle les transformait en un miel exquis de douce
et tendre piété, en cette nourriture céleste qui a
communiqué à son âme tant d'énergie et de persévérance pour le bien.

Elle avait fait en particulier la salutaire expérience de ce principe que lui ont révélé les
Paillettes d'or : « Semons de bonnes pensées,
nous récolterons de bonnes actions. »

Mais la principale lecture où s'alimentait la
piété de Marie-Élisabeth, était celle de l'*Imitation
de Jésus-Christ*. Elle avait un goût, un attrait extraordinaire pour ce livre, le plus divin après
l'Évangile. Non seulement elle savourait elle-
même ce délicieux festin, mais elle y faisait participer ses parents; et, pour joindre l'agréable à
l'utile, elle les invitait à séparer avec une épingle
les feuillets du livre. Le hasard fournissait, pres·
que à chaque fois, un heureux à-propos dans les
applications, et tout en contribuant à développer

la plus douce gaieté, permettait à son zèle, sans jamais blesser la susceptibilité de personne, de graver plus profondément de pieux et salutaires conseils dans le cœur de ceux qui lui étaient chers.

Pendant qu'elle était encore au pensionnat de Saint-Thomas de Villeneuve, sa maîtresse, dans un devoir de style, avait donné à traiter le sujet suivant : « *Le livre que je préfère.* » « La petite Marie » à laquelle la lecture de l'Imitation de Jésus-Christ était déjà familière, suivit tout naturellement les préférences de son cœur. Rien ne pourra donner une meilleure idée de son attrait pour cette pieuse lecture et du fruit qu'elle en retirait, que de citer quelques lignes de cette petite dissertation, qu'elle écrivit avec son cœur, à l'âge de quinze ans :

« Si vous avez eu des peines ou des tribulations, si la mort et le vide se sont faits autour de vous, n'avez-vous jamais, pour chercher la consolation, ouvert un livre qui semble plutôt fait par un ange que par un homme? Ne l'avez-vous pas, dis-je, ouvert au hasard, et toujours n'êtes-vous pas tombé sur de paroles de paix et de consolation? Ah! vous l'avez deviné, ce livre c'est l'Imitation de Jésus-Christ; oui, c'est le livre entre tous les livres que je préfère. C'est dans ce livre si petit, et dont l'auteur est inconnu, que se trouve le baume pour toutes les blessures de l'âme. En effet, n'a-t-il pas quelque chose de divin, ne dirait-on pas que c'est Dieu lui-même qui s'entretient avec sa créature, et lui inspire ces généreux élans d'amour et de reconnaissance, que l'on retrouve à chaque page?... -

« Qu'importe le nom de l'auteur; quel qu'il soit, bénissons sa mémoire, puisqu'il nous a donné un si précieux aliment pour notre âme; et non seulement le riche, mais encore le pauvre, peut y puiser à pleines mains. Justes de la terre, pauvres pécheurs, âmes souffrantes et tourmentées par les séductions du monde, chrétiens froids ou indifférents, ouvrez tous ce livre. Oh ! si vous suivez toutes les inspirations qu'il vous donnera, vous reviendrez à Jésus, vous vous fortifierez dans la vertu, vous saurez que ce n'est pas le monde, mais la religion seule qui procure le vrai bonheur. » (Devoir de style du 7 mars 1876.)

Cet exercice a obtenu la note très bien, avec le maximum des points. Nous avons remarqué, en parcourant les cahiers de classe de Mlle Bry, que les sujets religieux traités par elle, ont obtenu en général un nombre de points plus élevé, et se rapprochent davantage de la perfection du genre. Il a été parlé ailleurs du profit que retirait Marie-Élisabeth d'une lecture assidue de l'*Introduction à la vie dévote* par saint François de Sales. L'exquise douceur, la charmante simplicité, mais surtout la rare et solide piété que nous avons admirées en elle, sont les heureux fruits recueillis par elle dans la lecture de ce livre, que nous voudrions voir entre les mains de tous, spécialement des jeunes personnes.

A une fervente prière, aux lectures assidues de livres pieux, Mlle Bry ajoutait de fréquentes visites au Saint-Sacrement. A la suite d'une mission prêchée à Saint-Pierre, en 1880, par le R. P. Hamon S. J., la confrérie du Cœur Sacré de Jésus fut érigée dans cette paroisse. Nous avons vu que Marie-Élisabeth était affiliée déjà depuis sa première communion à la même association, ainsi qu'à la sainte ligue de la Communion réparatrice. L'année 1881, le zèle si pieux et si éclairé de M. l'abbé Letournoux, curé de la paroisse et supérieur ecclésiastique des îles Saint-Pierre et Miquelon, inaugura l'Adoration perpétuelle. Après un chaleureux appel adressé en chaire aux âmes de bonne volonté, et particulièrement aux associés de la confrérie du Cœur de Jésus, beaucoup d'entre eux, en faisant inscrire leurs noms, s'engagèrent à devenir membres de de l'Adoration perpétuelle. De cette manière, le divin Maître, dans le Sacrement de son amour, compte constamment deux adorateurs, dont le tour revient, selon la dévotion de chacun, une ou plusieurs fois par mois. Mais ce n'était là pas assez pour satisfaire l'avide piété de Mlle Bry.

Elle visitait et adorait le Très-Saint-Sacrement chaque jour, autant que les circonstances le lui permettaient, particulièrement pendant les der nières années de sa vie. Voici ce que nous rapporta à cet égard une de ses parentes : « L'année dernière, j'avais l'habitude de me rendre à l'église chaque soir à la même heure. J'y rencontrai, toujours, une jeune personne en deuil, soit devant le Saint-Sacrement, soit devant l'autel de la Vierge. La voyant prolonger habituellement ses dévotions, et vivement frappée par son attitude recueillie, je brûlais depuis longtemps du désir de connaître le nom de cette personne qui m'édifiait tant. Ne pouvant apercevoir ses traits, je pris des informations pour savoir qui elle pouvait être. Grande fut ma joie d'apprendre que c'était ma parente. »

Pendant que d'autres jeunes personnes, plus libres de leur temps, promènent leur ennui sur tous les chemins, ou l'imposent à leur prochain par des visites inutiles ou trop prolongées, Marie-Élisabeth passait une partie de ses après-midi à l'église, le cœur animé des dispositions qui ont fait s'écrier le prophète royal : « Qu'ils sont aimables vos tabernacles, ô Dieu des armées! Le désir ardent de me trouver dans la maison du Seigneur fait défaillir mon âme. » (Ps. 83.) Les sentiments exprimés par les vers suivants que nous avons trouvés dans les écrits de Mlle Bry, remplissaient sans doute son cœur dans ces heures délicieuses :

> Comme un aimant, ton divin Tabernacle
> Fait tressaillir les fibres de mon cœur ;
> Là tu m'attends, là, ton plus grand miracle,
> T'a dépouillé de toute ta splendeur.
> . . . .
> Pour adoucir les rigueurs de l'absence
> A ton autel j'apporte un seul désir :
> Vivre de foi, d'amour et d'espérance
> Auprès de toi, jusqu'au dernier soupir.
> Fuyez au loin, souvenirs de la terre ;
> Près de Jésus j'ai fixé mon séjour,
> Adieu. plaisirs, adieu, vie éphémère,
> Il me suffit mon prisonnier d'amour.

C'est au pied du tabernacle principalement que s'alimentait et se fortifiait la piété de Marie-Élisabeth, c'est là encore qu'elle trouvait les consolations, dont son âme sans cesse éprouvée avait tant besoin. Une feuille pieuse intitulée : « Un quart d'heure devant le Très-Saint-Sacrement » et dont elle se servait volontiers, nous initie quelque peu à la nature de ses doux et familiers entretiens avec son Dieu. Nous ne résistons pas au désir de citer quelques lignes plus particulièrement en harmonie avec les dispositions de son âme.

« Mon enfant, il n'est pas nécessaire de savoir beaucoup pour me plaire, il suffit de m'aimer beaucoup. Parle-moi simplement, comme tu parlerais à ton ami intime. N'as-tu pas des personnes à me recommander ? Dis-moi le nom de tes parents, de tes amis ; après chacun de ces noms ajoute ce que tu voudrais que je fisse pour eux..... Demande beaucoup, beaucoup, j'aime les cœurs généreux qui s'oublient pour les autres... N'as-tu pas des grâces à me demander pour toi ? Écris, si tu veux, une longue liste de tous les besoins de ton âme, et viens me la lire...

« N'as-tu pas des ennuis ? Oh ! mon enfant, raconte-moi tes ennuis avec beaucoup de détails... Appréhendes-tu quelque chose de pénible ? Y a-t-il dans ton âme ce vague effroi qui n'est pas raisonné, mais qui te tourmente ? Confie-toi pleinement à ma Providence. Je suis là, je vois tout, je ne te délaisserai pas.....

« Bien, mon enfant... va maintenant, va reprendre ton travail de tous les jours ; sois silencieuse, modeste, résignée, soumise, charitable, aime beaucoup la sainte Vierge... Et viens demain m'apporter un cœur plus dévoué encore et plus aimant. Demain j'aurai pour toi de nouvelles grâces et de nouvelles faveurs. »

Au sortir de ces suaves entretiens où Mlle Bry avait « puisé aux fontaines du Sauveur les eaux de la consolation qui rejaillissent jusqu'à la vie éternelle », elle pouvait redire avec le Psalmiste, qu'un jour, une heure passée dans la demeure du Seigneur vaut mieux que mille passées sous la tente des pécheurs.

Qu'il serait vivement à désirer, avec saint

Alphonse de Liguori, que les fidèles fussent exacts à visiter le Très-Saint-Sacrement, autant que possible, chaque jour! Combien la piété fleurirait bientôt là où l'on ne voit qu'une froide indifférence!

La marque la plus certaine de vraie piété, c'est le goût, l'amour de la sainte Communion, la fréquente et digne réception de ce divin Sacrement. Cette marque, nous la trouvons en Mlle Bry; toujours, mais plus visiblement pendant les dernières années de sa vie, elle a cherché à la sainte Table cette union étroite avec le Dieu de son âme. Chez elle la sainte Communion n'était pas, ce que l'on voit trop souvent, l'effet d'une ferveur sensible, d'un entraînement passager, bientôt suivi de langueur, de froideur, menant à une abstention plus ou moins prolongée. Elle aimait le banquet eucharistique d'un amour à la fois tendre et fort, persévérant et éclairé.

Elle se servait habituellement, pour s'aider dans sa préparation éloignée et prochaine, d'un livre excellent intitulé : « *Le bonheur à la Table sainte* [1] ». Nous prions le lecteur d'excuser la citation du passage suivant, commençant la préface de ce livre d'or : « L'Eucharistie tient au ciel et à la terre, car elle contient Jésus-Christ,

[1] Par M. l'abbé F. Esmonin, Dijon, chez E. Pellion, libraire-éditeur.

le Verbe de Dieu fait homme pour racheter les hommes. Elle est le pain du Ciel, devenu la nourriture de ceux qui sont dans ce monde. Elle est en un mot, le Sacrement qui commence ici-bas, sous les voiles du mystère, le bonheur des cieux. Dans la communion nos sens restent encore sur la terre, mais l'âme s'élève jusque dans les régions divines; elle entre, par la foi et par l'amour, dans le sanctuaire même de la divinité. C'est alors que s'opèrent dans le cœur ces transformations surhumaines, qui détachent l'homme de la terre, et le rendent concitoyen des anges. Le bruit des passions s'éteint dans cette chair jadis rebelle; l'âme reprend son empire sur le corps, l'ordre primitif se rétablit sous l'influence de l'aliment divin. Les larmes d'un repentir sincère ont purifié le cœur, et Dieu y est descendu pour le bénir, et lui rendre son image, que le péché avait défigurée. Tout se ranime et se vivifie au rayon de la vérité éternelle qui, pénétrant l'âme et la ravissant dans les cieux, lui fait goûter ces voluptés indicibles qui n'ont rien de ce monde. »

Voilà quelles lumineuses et fortes pensées éclairaient l'esprit de Mlle Bry et fortifiaient sa foi, tandis que son cœur se pénétrait des sentiments les plus généreux, en s'assimilant les préparations et les actions de grâces si pleines d'onction que contient ce livre délicieux. Il en est qui sont appropriées à beaucoup de circonstances particulières ; d'autres se rapportent aux principales fêtes de l'année. Ainsi, comme disposition principale à la sainte Table, Marie-Élisabeth apportait cette *foi du cœur,* à laquelle fait allusion l'Apôtre quand il dit : « Nous avons cru à l'amour que Dieu a eu pour nous. » Les vers suivants, qui ont été trouvés dans les écrits de Mlle Bry, nous initient d'une manière plus intime encore aux sentiments de foi, de désir et d'amour dont son âme était pénétrée avant et après la sainte Communion.

> Festin d'amour, Table pour moi servie
> Où l'Eternel se fait mon aliment,
> Vrai pain du ciel, la force de ma vie,
> L'unique objet de mon cœur languissant.
>
> Je cours à toi, divine Eucharistie,
> Comme le cerf à la source des eaux :
> Et n'es-tu pas la source de la vie,
> Où tout mon être a trouvé le repos !
>
> Je te reçois, tu possèdes mon âme ;
> Mon cœur s'abîme en ton immensité.
> Ah ! puisse-t-il, consumé par ta flamme,
> S'unir à toi, dans ton éternité !

Outre les fêtes principales et même secondaires et certaines circonstances particulières, Mlle Bry communiait régulièrement chaque premier dimanche du mois, en sa qualité de membre de l'Apostolat de la prière et de la Communion réparatrice, et le vingt-deux de chaque mois, comme associée du Rosaire vivant. Elle eût désiré, surtout les deux dernières années de sa vie, se nourrir plus souvent du pain eucharistique, mais sa santé, très délicate alors, ne lui permettait que dificilement de rester à jeun.

Oh ! si le goût et l'amour pour la sainte Communion étaient plus communs parmi les fidèles, que d'âmes languissantes et défaillantes, qui, faute de cette nourriture céleste, sont dans le plus grand danger de mourir de la mort éternelle, seraient pleines de force, et s'assureraient cette vie immortelle que le Sauveur a promise à ceux mangent sa chair et boivent son sang !

CHAPITRE XX

DÉVOTION DE Mlle BRY ENVERS LA SAINTE VIERGE.

Mais la piété qui nous porte à honorer Dieu comme notre Père, est inséparable de l'amour de sa sainte Mère. Nous n'étonnerons donc personne en disant que Mlle Bry s'est distinguée, pendant toute sa vie, par une tendre dévotion envers la Reine des cieux. C'est là comme le cachet spécial de sa douce et pieuse vie. Dès ses plus tendres années, un secret instinct inclinait son cœur vers la très sainte Vierge. Marie était avant tout pour elle une mère, vers laquelle se reportaient volontiers ses pensées et ses affections. Pendant toute sa vie elle a témoigné à sa bonne « Mère du Ciel », comme elle se plaisait à l'appeler, la confiance la plus entière, l'amour le plus tendre, le plus généreux et le plus constant. Elle aimait à avoir sous les yeux l'image de sa divine Mère. Ses livres de piété étaient pleins de gravures figurant les différentes vertus de Marie et les nombreux titres qu'elle a à notre confiance et à notre amour. Dans sa chambre elle avait suspendu un magnifique tableau représentant le saint Cœur de Marie. Elle avait une dévotion toute spéciale envers ce Cœur immaculé, en l'honneur duquel elle aimait à réciter un acte de Consécration, plein de la plus douce onction... « Marie est ma demeure, répétait-elle souvent, je vis cachée et enfermée dans son Cœur immaculé, là je veux aimer... souffrir... mourir... » Elle affectionnait spécialement une feuille pieuse, intitulée: « *Tout pour Marie* ». Il y a des rapprochements trop frappants entre les dernières lignes de cette prière et la fin édifiante de cette enfant privilégiée de Marie, pour que nous résistions au désir de les citer. Les quatre derniers vers, selon ses désirs présumés, ont été gravés sur son modeste monument funèbre.

> Dans mes pleurs j'offrirai mes soupirs à Marie,
> A l'aspect du péril, je fuirai vers Marie.
> J'aurai pour bouclier le saint Cœur de Marie.
> Au fort de la douleur je fixerai Marie.
> La nuit mon cœur battra de l'amour de Marie.
> *La mort m'endormira sur le sein de Marie.*
> *Sur ma tombe on lira pour l'honneur de Marie :*
> *Qu'il est doux de mourir dans les bras de Marie !*
> *Passant qui lis ces mots, vis, espère en Marie.*

Notre pieuse enfant de Marie avait fait une étude toute spéciale des vertus de sa divine Mère,

par une lecture assidue de l'*Imitation de la très
sainte Vierge*. Toute jeune, elle avait déjà une
prédilection marquée pour ce livre. Son cœur y
avait trouvé un vrai trésor ; elle y associa une
cousine, en lui faisant don d'une belle édition
de ce pieux livre. Mais il ne lui suffisait pas de
connaître les vertus de Marie, elle savait que
pour devenir une véritable enfant de cette divine
Mère, elle devait se revêtir de son esprit, chercher à lui ressembler. Or, on peut affirmer que
c'est vers ce but que tendaient tous ses efforts ;
nous en avons donné des preuves nombreuses.

Une dévotion, envers la Mère de Dieu, particulièrement chère au cœur de Marie-Élisabeth,
était l'exercice du mois de Marie. Dès l'âge de
douze ans, en écrivant à son père elle lui fait
part du bonheur qu'elle éprouve d'assister chaque soir à ce pieux exercice. Plus tard, à l'âge de
quinze ans, elle eut à traiter le sujet suivant :
« *La saison que je préfère.* » Son choix tomba
naturellement sur le printemps ; elle va nous en
donner la raison : « Dans cette belle saison se
trouve le mois de mai, mois cher au cœur vraiment chrétien ; car c'est le mois spécialement
consacré à la Reine des cieux, à la Reine des
fleurs ; aussi, celles-ci se hâtent-elles d'ouvrir leurs
corolles, pour parer l'autel de la Mère de Jésus.
Que de grâces elle obtient pendant ce mois, où
ses enfants l'honorent particulièrement ! On peut

dire qu’elle fait pleuvoir sur eux des rosées de bénédictions. » (Devoir de style du 1er mars 1876.)

L’année suivante elle écrivait à sa « petite mère » : « Chère maman, c’est aujourd’hui l’ouverture du mois de Marie, j’en suis bien heureuse; j’aime beaucoup le mois de Marie, parce que pendant ce mois je prie plus particulièrement ma Mère du Ciel pour ma mère d’ici-bas, et pour ceux qui ne sont plus sur cette terre d’exil. »

« Marie », écrit de son côté la R. Mère Chaumont, « avait une grande dévotion envers la très-sainte Vierge, dévotion toute filiale qui lui donnait confiance entière en sa protection maternelle.

« Adroite et d’un goût charmant, toujours elle se montrait empressée pour travailler à l’ornementation de son autel, alors surtout que, pour le beau mois de Marie, chaque classe rivalisait à qui lui élèverait le plus beau trône. »

Dans son jeune âge, elle était heureuse de porter les couleurs de Marie, le blanc et le bleu. Elle fut non moins heureuse de se revêtir des livrées de sa divine Mère, en se faisant enrôler dans la confrérie du Scapulaire du Mont-Carmel. Elle portait au cou une médaille de la Vierge, qui ne la quittait jamais.

L’amour est de sa nature généreux; il demande à se traduire par des dons, symbole de la donation du cœur. « Les petits cadeaux entretiennent l’amitié », écrivait-elle à ses parents. Elle désirait donc montrer, par un témoignage sensible, l'amitié qui l'unissait à Marie, en lui offrant un cadeau à l'occasion de la fête de l'Assomption en 1884, la dernière fois qu'elle célébrait sur la terre la fête de sa céleste Patronne. Elle sollicita donc, et obtint de sa « mère de la terre » la permission d'offrir à sa « Mère du ciel » une belle et riche corbeille garnie de fleurs blanches, qu'elle avait arrangées et disposées elle-même... Et c'était la seconde fois qu'elle apportait un don semblable à l'autel de Marie.

Cette divine Mère avait demandé à son enfant un autre gage de son amour, celui de se consacrer à elle d'une manière plus intime en entrant dans la confrérie du Rosaire vivant. — Il se présentait une circonstance on ne peut plus favorable : le Souverain-Pontife Léon XIII venait de publier sa Lettre encyclique sur le Rosaire. Il n'y avait donc pas à hésiter. Elle sollicita et obtint son admission comme membre du Rosaire vivant, le 23 septembre 1883. Cette association est affiliée au centre principal qui se trouve a Lyon, sous la direction des RR. PP. Dominicains. Un jour particulier est fixé à chaque confrérie affiliée, pour les exercices publics du Rosaire. A Saint-Pierre, ce jour est le vingt-deux de chaque mois. Les associées font dire chaque fois une messe à l'intention des membres vivants et défunts du Rosaire, et toutes celles qui le peuvent font la sainte Communion à la même intention. Mlle Bry était particulièrement fidèle à cette Communion ; loin d'en oublier le jour, ce qui pouvait arriver facilement, elle le rappelait à ses parentes associées.

Témoins de sa tendre piété et de son grand amour pour la très sainte Vierge, et connaissant par ailleurs ses aptitudes spéciales, les dames zélatrices de l'Association du Rosaire jetèrent les yeux sur Marie-Élisabeth, pour en faire leur secrétaire. Dans son humble opinion d'elle-même, elle se reconnaît indigne d'un tel honneur, incapable de remplir une telle fonction ; elle hésite, va trouver son confesseur, lui expose ses scrupules. Celui-ci lui ayant fait comprendre que sa bonne Mère du ciel demandait d'elle ce nouveau témoignage de son dévouement, elle accepta avec joie. Elle s'acquitta avec zèle et amour de cette charge si douce à son cœur. Dès lors, elle fut plus que jamais fidèle à remplir ses obligations envers Notre-Dame, à réciter le rosaire, à faire la sainte communion le 22 de chaque mois et l'heure de garde mensuelle, aux pieds de Marie. Elle avait demandé et obtenu de faire ce dernier exercice le 7 du mois. Cette date lui était particulièrement chère, car elle lui rappelait le jour de sa naissance et le jour de la mort de son « père bien-aimé. »

La dernière fois qu'elle parut comme garde

d'honneur au pied de l'autel de Marie, ce fut le 7 janvier 1885, vingt-quatrième anniversaire de sa naissance. Le 7 février, elle gardait le lit ; elle pria alors sa grand'mère de vouloir bien la remplacer aux pieds de la Mère de Dieu. La bonne grand'mère fut trop heureuse de prendre l'heure de garde de sa petite-fille ; et, tant qu'elle vivra, elle continuera à la remplacer le 7 de chaque mois. Or, que s'était-il passé, lors de la dernière heure de garde de notre pieuse enfant de Marie ? Des prières plus ferventes, des actions de grâces plus vives, des communications plus intimes ont sans doute rendu cette heure plus délicieuse que toutes les autres. Marie voyait pour la dernière fois à ses pieds son enfant qui l'avait honorée, toute sa vie, par la plus entière confiance, par le plus sincère amour. Ses pieuses dispositions touchèrent vivement le Cœur immaculé de la meilleure des mères. La Reine de miséricorde, notre vie, notre douceur, notre espérance, que cette enfant dévouée avait tant de fois saluée, vers laquelle, pauvre fille d'Ève, elle avait élevé sa voix dans les douleurs de l'exil, vers laquelle elle avait tant de fois soupiré, au milieu des gémissements et des pleurs de cette vallée de larmes ; l'Avocate toute-puissante allait enfin tourner des yeux pleins de miséricordieuse bonté sur sa pieuse cliente, mettre fin aux douleurs de l'exil, en lui montrant Jésus, le fruit de ses chastes entrailles, et lui permettre de continuer au ciel ce beau cantique commencé sur la terre : « O clémente, ô pieuse, ô douce Vierge Marie ! *O clemens, o pia, o dulcis Virgo Maria!* » Cet heureux jour ne devait pas tarder à se lever; déjà on en voyait les premières lueurs à l'horizon, dans la maladie qui se déclara à la fin du mois de janvier.

Mais le véritable culte de Marie est inséparable de la dévotion envers son glorieux époux. Aussi, Mlle Bry joignait-elle à une tendre piété envers la Mère de Dieu, une confiance illimitée et un amour filial envers saint Joseph. Il était pour elle un Patron tout-puissant, un Père bien-aimé. Toute jeune, non contente de le prier de bouche et de cœur, elle fit retracer à sa plume cette belle invocation consignée dans ses écrits : « Saint Joseph, protégez-moi. » Pour montrer d'une manière plus sensible sa confiance et son dévouement au Père nourricier de Jésus, elle devint membre d'une confrérie en son honneur, canoniquement érigée à Saint-Pierre-Miquelon, et affiliée à l'archiconfrérie de Saint-Joseph, établie à Beauvais. De plus, en se ceignant les reins de son cordon bénit, elle s'était revêtue des livrées de Joseph, et lui avait confié l'importante mission de protéger la pureté de son corps et de son âme.

Pendant le mois de mars, et chaque premier mercredi du mois, elle était heureuse d'assister aux exercices de dévotion en l'honneur du saint Patriarche. Elle ne laissait passer aucune des fêtes de la confrérie sans y participer d'une manière intime par la réception de la sainte Communion.

Quelques heures avant de rendre le dernier soupir, se rappelant sans doute que celui qui a eu l'insigne bonheur de mourir entre les bras de Jésus et de Marie est tout spécialement le patron des mourants, elle demanda à sa mère de faire célébrer pour elle une messe à l'autel de saint Joseph et d'y faire brûler des bougies en son honneur. La veille, elle avait fait la même demande en l'honneur de la très sainte Vierge.

Heureuses, dirons-nous, oui, mille fois heureuses les âmes qui, avant de quitter ce monde, tournent, comme Mlle Bry, des regards pleins de confiance vers Marie et Joseph ! Ainsi guidées et protégées, elles franchissent heureusement le terrible passage du temps à l'éternité ; marquées d'un double sceau de prédestination, elles ne peuvent manquer de trouver grâce devant leur Juge.

CHAPITRE XXI

Cependant la santé de Mlle Bry, depuis environ deux mois, était parfaite, tout malaise avait disparu : jamais elle ne s'était mieux portée. Néanmoins, chose frappante, elle semble avoir un pressentiment de sa fin prochaine. Que le lecteur en juge par lui-même. Dans la lettre adressée à sa cousine, sa chère Mariette, à la date du 22 décembre 1884, Marie-Élisabeth, après s'être un peu préoccupée de la réapparition de la fièvre à Saint-Pierre, ajoute : « La vie est si courte, si courte que dans bien peu de temps nous irons revoir nos chers amis ; mais en attendant il faut prendre patience et courage et penser à ceux qui nous entourent. Notre famille est bien éprouvée sans doute ; mais Dieu nous aime, tâchons de l'aimer, et puis tout passe, même la douleur. »

Le dimanche 25 janvier, jour où l'on célébrait

à Saint-Pierre, la fête du très saint Cœur de Marie, sous le vocable de Refuge des pécheurs, Mlle Bry se préparait à assister à la messe de huit heures et demie. Le mal qui devait l'emporter avait déjà sourdement miné ses forces. Toute la nuit, elle avait éprouvé des frissons de fièvre, un froid qui glaçait ses membres. Elle essaie de lutter contre le mal, s'occupe des soins ordinaires du ménage, mais n'avance pas, et malgré sa meilleure volonté, elle ne peut être prête pour l'heure de la messe. Que faire ? Restait la grand' messe à laquelle il devait y avoir une instruction. C'était bien long pour une personne assez sérieusement indisposée. Mais, d'un autre côté, manquer à la messe du dimanche ! Sa foi se révolte à cette pensée. Grande leçon pour tant de chrétiens lâches qui, sous les prétextes les plus frivoles, se dispensent de ce grave devoir ! Sa dernière sortie fut donc pour l'église, où elle aida à célébrer les miséricordieuses tendresses du Cœur de Marie envers les pauvres pécheurs. Elle s'unit particulièrement à cette belle prière de la Communion : « *Reine du monde, très pieuse Marie, toujours Vierge, obtenez-nous, par votre intercession, la paix et le salut de nos âmes, vous qui avez mis au monde le Christ, Notre-Seigneur, Sauveur de tous.* » Les célestes effets de cette prière ne devaient pas se faire attendre. Les symptômes avant-coureurs d'une fièvre très grave avaient fait endurer à Marie-Élisabeth un vrai martyre durant tout le temps de l'office. Elle rentra chez elle malade, faisant, le reste de la journée, d'inutiles efforts pour se réchauffer. Dans l'après-midi une amie vint la voir et la trouva en proie à une tristesse incompréhensible. Cette tristesse était-elle causée par le mauvais état de santé de sa mère, ou par le mal dont elle souffrait elle-même en ce moment, ou bien entrevoyait-elle déjà le calice amer de la passion que, dans peu de jours, elle allait boire jusqu'à la lie ? Toujours est-il qu'elle répétait ces paroles du Sauveur au Jardin de Gethsémani : « *Mon âme est triste jusqu'à la mort.* » Les trois jours suivants, le mal de tête dont elle souffrait devint de plus en plus intolérable. Mais, de peur d'alarmer une mère non encore bien remise de sa dernière maladie, elle chercha par l'énergie de sa volonté à dominer la souffrance, et continua à se livrer, tant bien que mal, à ses occupations ordinaires ; elle consentit cependant à prendre les remèdes qu'on lui offrait pour combattre ce que l'on croyait une simple indisposition. Le jeudi 29 janvier, elle se vit forcée de garder le lit dans la matinée. Vers midi cependant, pour rassurer sa mère de plus en plus inquiète, elle se leva et, d'un pas mal assuré, descendit l'escalier pour se rendre à la salle à manger. Elle essaya de prendre un peu de bouillon ; vains efforts, une faiblesse la prit, et elle tomba de sa chaise sur le plancher. Aux cris que poussa sa mère au désespoir, elle revint à elle et, aidée par cette dernière, elle parvint, à la suite de pénibles efforts, à remonter les degrés de l'escalier. Arrivée sur le palier, un nouvel évanouissement la fit tomber une seconde fois. Toujours aidée par sa pauvre mère, elle parvint à se traîner jusqu'auprès de son lit, où une nouvelle faiblesse la fit tomber de toute sa hauteur. Un saignement de nez extraordinaire survint alors. Cette triple chute lui donnait un trait de conformité de plus avec son Sauveur, gravissant la pente escarpée du Calvaire. Nous la voyons, elle aussi, arrivée au haut de son calvaire, pour consommer le sacrifice de sa vie. A partir de ce jour, elle restera clouée sur son lit de douleur, comme sur une croix.

Mme Bry, folle de souffrance, appela au secours. Le médecin, mandé en toute hâte, constata bientôt une fièvre typhoïde d'un caractère grave.

Le lundi, 2 février, la malade reçut pour la première fois la visite de son confesseur; loin de s'en alarmer, comme font beaucoup de malades, elle en fut très heureuse. Quand il la quitta, elle lui fit, avec sa simplicité et sa foi ordinaires, une demande qu'elle lui avait souvent adressée auparavant: « Père, une petite prière pour moi, s'il vous plaît. »

Les jours suivants, la fièvre augmenta et, en

se maintenant à une température très élevée, fit concevoir au médecin les plus sérieuses inquiétudes ; toutefois les personnes qui entouraient la malade, ou qui venaient la voir, ne se doutaient pas de la gravité du mal. Elle prenait volontiers part à la conversation ; paraissait parfois même plus gaie que d'habitude ; mais surtout elle témoignait sa vive reconnaissance aux personnes qui venaient la visiter. Chaque fois qu'on lui demandait : « Où souffrez-vous, êtes-vous mieux ? » elle répondait avec un visage sans cesse souriant : « Je ne souffre pas beaucoup, je suis mieux, » ou « je ne suis pas pire. » Mais en tout cela elle tenait surtout à rassurer sa pauvre mère. Cette dernière, par suite sans doute de cruelles émotions, et des appréhensions plus cruelles encore de perdre son unique enfant, souffrait d'une enflure extraordinaire aux pieds, qui dura tout le temps de la maladie de sa fille, et ne lui permit pas de se tenir debout. La pauvre enfant parut beaucoup plus préoccupée du mal et des inquiétudes de sa mère que de son propre état. Souvent elle se tournait vers elle, lui souriait de cet aimable sourire où se lisait si bien sa tendresse filiale et semblait lui dire : « Mère, sois sans crainte, la bonne Vierge me guérira bientôt, je l'espère ! »

Cependant la fièvre minait lentement la malade, un feu intérieur la brûlait, la consumait. Sa patience était chaque jour plus admirable; on n'entendait pas une plainte sortir de sa bouche; elle prenait sans se faire prier les médicaments, même les plus amers.

Le jeudi, 12 février, son confesseur, qui n'avait cessé de suivre le cours et les progrès du mal, crut prudent de lui faire recevoir le saint Viatique. Il lui demanda donc si elle ne serait pas heureuse de gagner l'indulgence plénière des Quarante-Heures, en communiant le dimanche suivant: « Oh oui, Père, répondit-elle sans hésiter, je le veux bien, je serai heureuse de communier. »

Combien ne serait-il pas à désirer que tous les malades acceptassent avec le même empressement les secours de la religion offerts dans leur maladie! Par cette conduite ils épargneraient à ceux qui ont charge de leurs âmes de bien cruelles perplexités, et ne s'exposeraient pas eux-mêmes à se priver du secours si nécessaire des derniers sacrements, d'où souvent dépend le salut éternel.

Jusque-là toutefois rien n'avait encore fait présager un dénouement fatal. Le lendemain, vendredi 13, un symptôme alarmant se produisit; une hémorrhagie intestinale s'était déclarée. Le samedi, quand le prêtre vint pour confesser la malade, il constata une aggravation étonnante de son état. Un froid glacial parcourait tous ses membres, lui faisait claquer les dents; il

devait être bientôt suivi d'une transpiration extraordinaire. Malgré cet état de grande gêne, la
malade fut heureuse de faire sa confession. Le
prêtre l'ayant exhortée à offrir à Notre-Seigneur
ses cruelles souffrances et à se résigner entièrement à sa sainte volonté : « C'est ce que je fais »,
répondit-elle. Elle avait appris de saint François
de Sales, dans l'*Introduction à la vie dévote*
(IIIe Partie, iii), la manière de se conduire dans
la maladie : « Quand vous serez malade... pensez
souvent à Jésus crucifié », etc... Il n'y avait pas
longtemps, sans doute, qu'elle venait de relire ce
passage ; elle l'avait marqué d'un signet qui portait ces mots de Madame Élisabeth : « N'importe
la route quand le Ciel est le but ! »

Le dimanche matin, 15 février, elle commanda
elle-même les préparatifs nécessaires pour la réception du saint Viatique ; elle n'avait qu'une
crainte, celle de ne pouvoir avaler la sainte
Hostie. Mais ce qui la préoccupait surtout,
c'était une digne préparation de son âme pour
recevoir son Sauveur. Elle se fit lire par une
de ses parentes les actes avant la Communion.
A sept heures, le prêtre arriva portant le saint
Viatique ; le visage de la malade parut radieux
de bonheur. Au moment où elle s'unit au corps
adorable de son Dieu, la foi, la vénération, la
confiance et l'amour dont son âme débordait,
avaient en quelque sorte transfiguré ses traits.

Elle écouta avec un grand respect les paroles d'exhortation et d'encouragement que le prêtre lui adressa, et quand le ministre de Dieu se fut éloigné, elle se fit lire les actes après la Communion. Elle exprima tout haut son bonheur d'avoir communié. Elle ignorait encore que c'était pour la dernière fois qu'elle venait de s'unir au Dieu eucharistique, qui avait si souvent consolé les douleurs de son exil.

Cependant la maladie poursuivait rapidement son œuvre ; une nouvelle hémorrhagie rendit l'état de Marie-Élisabeth encore plus critique. La chaleur de la fièvre s'élevait de plus en plus. Grandes étaient les souffrances de la malade ; mais rien ne pouvait lui enlever cet air de calme, de douceur et de joyeuse résignation, qui lui était habituel. Elle ne se faisait plus illusion sur la gravité de son état : « Je sais bien, dit-elle, le lundi 16, à une amie, je sais bien que je vais mourir ; seulement, je vous en prie, ne le dites pas à maman. »

On était arrivé aux jours où la rue retentissait du tumulte et des cris de folles réjouissances du carnaval, dont l'écho parvenait jusque dans la chambre de la malade. Pendant que le monde se réjouissait, elle partageait la tristesse de son Sauveur, agonisant au jardin des Oliviers. Ce contraste, pour être plus frappant dans cette circonstance, n'offrait cependant rien de nouveau. Sa vie tout entière, nous l'avons vu, avait été se-

mée d'épreuves, arrosée de tristesses et de larmes.
Elle était du nombre de ces âmes prédestinées
auxquelles le Sauveur adressait ces consolantes
paroles : « *En vérité, en vérité, je vous le dis,
vous pleurerez et vous gémirez, vous, et le monde
se réjouira ; vous serez dans la tristesse, mais votre
tristesse se changera en joie.* » (S. JEAN, XVI, 20).
Et pendant que près de la moitié des habitants de
Saint-Pierre, séduits et entraînés par l'attrait du
plaisir et de la curiosité, regardaient avidement *Les
noces villageoises*, parodiées au *Skating-Rink*, les
anges de Dieu assistaient à un spectacle bien autrement solennel : l'Époux divin, purifiant dans
les souffrances d'une cruelle maladie une âme
qu'il destinait à devenir son épouse, semblait
hâter les derniers préparatifs pour célébrer bientôt au ciel des noces immortelles.

Le mercredi des Cendres, la malade fut heureuse de recevoir encore la visite de son confesseur. Celui-ci s'offrit à lui donner les cendres,
lui expliquant que dans les prières dont l'Église
se sert pour les bénir, elle demande à Dieu d'ac-
corder aux fidèles qui les reçoivent la santé du
corps et le salut de l'âme : « C'est alors une
double raison pour moi de les recevoir, » répondit-elle. Il lui laissa ensuite entre les mains
une image du Sacré Cœur, portant ces mots :
Arrête, le Cœur de Jésus est là. « Espérons,
ajouta-t-il, que le Sacré-Cœur arrêtera la fièvre. »

La malade sourit d'un air moitié confiant, moitié incrédule, reçut avec reconnaissance l'image bénie, la porta à ses lèvres et la baisa respectueusement ; puis elle la fit placer sous son oreiller, où elle demeura jusqu'à son dernier soupir ; et, si quelque accident la dérangeait, elle la faisait aussitôt remettre en ce lieu. Il est vrai que le divin Maître ne devait pas tarder à dire à la fièvre : « *Arrête* », mais non dans le sens désiré par les hommes, c'était pour appeler à Lui cette âme si dévouée à son Cœur divin.

Durant les derniers jours, la malade gardait habituellement le silence, les yeux fixés, pendant des demi-journées, sur un tableau du saint Cœur de Marie suspendu dans sa chambre. « *Au fort de la douleur je fixerai Marie,* » avait-elle souvent répété, dans cette belle prière « *Tout pour Marie.* » Le moment était venu de montrer que ces paroles n'étaient pas vides de sens pour elle. De temps en temps, de grosses larmes coulaient le long de ses joues. Mme Bry, témoin de cette scène émouvante, demande à son enfant ce qui la fait pleurer ainsi. Elle, pour ne pas contrister davantage une mère trop éprouvée déjà, lui répondit d'une manière évasive, en s'efforçant de lui sourire : « Ah ! ma pauvre mère, tu le sais, en ce bas monde, on pleure souvent d'un œil et on rit de l'autre. » Et pendant ces longues heures où son regard ne pouvait se détacher de l'image de Marie, que se

passait-il en elle ? Il est facile de le conjecturer :
elle pensait, comme tout nous le fait supposer,
au bonheur d'être bientôt pressée sur le cœur de
sa Mère du ciel ; elle l'entendait sans doute l'encourager par ces douces paroles : « Viens, ma
fille, ta couronne est prête. » D'un autre côté,
son cœur, si vivement et si tendrement attaché
à sa mère de la terre, se serrait de douleur à
la pensée de la laisser seule, sans appui, sans
consolation, dans ce triste exil. Voilà les deux
pensées qui réjouissaient et attristaient à la fois
cette enfant au cœur si aimant. Mais elle ne pouvait s'en ouvrir à sa pauvre mère ; à l'exemple de
Marie « elle gardait toutes ces choses dans son
cœur. *Maria autem conservabat omnia verba hæc,
conferens in corde suo.* » (Luc, II, 19.)

Dans la nuit du jeudi au vendredi, le délire fit
sa première apparition. La journée se passa cependant d'une manière assez calme; un moment,
la malade essaya même d'égayer, par d'aimables
plaisanteries, les personnes qui l'entouraient.
Mais dans la nuit du vendredi au samedi, le
délire fut presque continuel. La malade était
vivement préoccupée de sa cousine, dont on lui
avait soigneusement caché la mort. Dans les
rares intervalles lucides de cette nuit, elle semblait avoir de plus en plus connaissance de la
gravité de son état. Elle demanda que l'on dit
une messe pour elle, à la « Vierge », le samedi

matin ; on s'empressa d'accéder à son désir. Elle pria également sa mère de faire brûler des bougies à l'autel de Marie et à celui de saint Joseph. Elle reçut encore une fois la sainte absolution; on attendait pour lui administrer l'Extrême-Onction un moment où elle aurait toute sa connaissance... Puis eut lieu une de ces scènes déchirantes impossibles à décrire. Mme Bry, se penchant sur son enfant, l'encourage de son mieux, et la voix pleine de larmes, exprime l'espoir que le bon Dieu ne la lui enlèvera pas. « Oh non ! » reprit la voix défaillante de sa fille, « Notre-Dame de Lourdes ne le permettra pas. » Et de ses lèvres déjà effleurées par le souffle de la mort, elle essaya de sourire encore pour rassurer une mère sans espoir.

La malade pria sa cousine de lui lire la prière du matin. Celle-ci, à un moment donné, récita les commandements de Dieu. « — Non, ce n'est pas cela, lui dit-elle en l'interrompant, récite-moi le *Credo,* et les actes de Foi, d'Espérance et de Charité. » Elle se rappelait sans doute, en ce moment solennel, ce qu'elle avait tant de fois lu et relu dans l'*Imitation de la Vierge :* « Pour mourir saintement, il faut mourir dans la foi, dans l'espérance et l'amour. Faites-en fréquemment les actes durant la vie, et qu'ils soient votre principale préparation à la mort. » (*Lib.* III, c. XVI.) Un instant après, elle essaya de réciter le chapelet de l'Immaculée-Conception, et se plaignit de ne pouvoir prononcer comme elle le désirait.

Dans l'après-midi Mme Bry, accablée par la fatigue, était allée se reposer un instant. Tout à coup sa fille s'écrie : « Appelez maman, je veux voir maman. » Les personnes qui entouraient la malade crurent que c'était l'effet du délire, et s'efforcèrent de la calmer, en lui répondant d'une manière évasive. Mais elle reprit avec plus d'é- nergie : « Appelez vite maman, ne me contrariez pas, il faut que je voie maman. » Sur ces entre-faites, Mme Bry arrivait. Son enfant, sentant que le moment suprême de la séparation approchait, voulut sans doute profiter de cet intervalle lucide, pour faire ses adieux à sa mère chérie. Elle jeta ses bras tremblants autour du cou de cette tendre mère, l'embrassa avec effusion trois fois, puis se tourna contre le mur pour cacher ses larmes.

Dans la soirée, voyant que le moment favorable pour lui administrer l'Extrême-Onction se faisait vainement attendre, et que d'un autre côté la maladie devenait de plus en plus grave, le prêtre se décida à ne pas tarder plus longtemps. La malade s'aperçut du dérangement nécessité par les préparatifs, et voulut en connaître la raison. Le prêtre, croyant qu'elle était encore sous l'influence du délire, lui répondit qu'on se disposait à prier pour elle. Puis après s'être revêtu du surplis, désirant s'assurer si elle avait connaissance, il lui dit: « Je vais vous donner le sacrement des malades. » — « C'est donc l'Extrême-Onction », reprit-elle aussitôt. — « Oui l'Extrême-Onction, instituée pour le soulagement de l'âme et même pour la guérison du corps, s'il plaît à Dieu. » — « Je veux bien, je suis contente de recevoir l'Extrême-Onction. » A plusieurs reprises, elle pressa affectueusement ses lèvres mourantes sur le crucifix que le prêtre lui présentait à baiser, puis d'une main tremblante, sous l'agitation d'une fièvre extraordinaire, elle essaya de retracer sur elle le signe auguste de la Rédemption.

Après avoir reçu l'Extrême-Onction, et avant de recevoir l'indulgence plénière *in articulo mortis*, elle répéta, après le prêtre, et avec grande piété, l'invocation des saints noms de Jésus, de Marie et de Joseph. Il était six heures et demie. Le délire, qui semblait n'avoir été suspendu quelques instants que pour permettre à la malade de recevoir avec connaissance les secours de la religion, reprit avec une intensité nouvelle. A neuf heures cependant elle reconnut une tante qui venait d'entrer : « Je suis bien contente, ma tante, dit-elle, que vous veniez passer la nuit auprès de moi : j'ai reçu l'Extrême-Onction, j'en suis très heureuse. » A dix heures et demie, le médecin déclara que la malade avait encore le sentiment d'elle-même, et de ce qui se passait, mais ne pouvait pas le manifester et qu'elle n'allait pas tarder à entrer en agonie [1]. A onze

[1] Avant de terminer le récit édifiant des derniers moments de Mlle Bry, le lecteur nous pardonnera, de citer les vers suivants, bien familiers à cette jeune fille ayant sans cesse le pressentiment qu'elle mourrait jeune :

> La voilà cette heure suivie
> Par l'aube de l'éternité,
> Cette heure qui juge la vie
> Et sonne l'immortalité !
> . . . .
> . . . .
>
> Qu'était-ce que la vie ? Exil, ennui, souffrance,
>   Un holocauste à l'espérance,
> Un long acte de foi chaque jour répété !
> Tandis que l'insensé buvait à plein calice,
> Tu versais à tes pieds ta coupe en sacrifice
> Et tu disais : « J'ai soif, mais d'immortalité ! »
>
> . . . .
> . . . .
> Triomphe donc, âme exilée !
> Tu vas dans un monde meilleur,
> Où toute larme est consolée,
> Où tout désir est le bonheur.
> . . . .
>
> Là sont tant de larmes versées
> Pendant ton exil sous les cieux,
> Tant de prières élancées
> Du fond d'un cœur tendre et pieux ;
> Là tant de soupirs de tristesse,
> Tant de beaux songes de jeunesse.
> Là les amis qui t'ont quitté,
> Epiant ta dernière haleine,
> Te tendent leur main, déjà pleine
> Des dons de l'immortalité.
> . . . .
>
> Encore une heure de souffrance,
> Encore un douloureux adieu ;
> Puis endors-toi dans l'espérance,
> Pour te réveiller dans ton Dieu !

(LAMARTINE, *Harmonies poétiques et religieuses*,
l'Hymne de la mort.)

heures, on récita auprès d'elle les prières des agonisants, puis le saint rosaire. A minuit, se déclare une crise épouvantable, qui raidit les membres de la moribonde, la soulève sur son séant, puis la laisse retomber ; d'abondantes larmes s'échappent de ses yeux. La crise, après avoir duré quelques minutes, est finie. L'ouragan de la nuit, après avoir violemment secoué et déraciné l'arbre, l'a cependant laissé debout ; la brise du matin doit l'incliner doucement vers le sol ; « car lorsqu'il tombera, il ne se brisera point, parce que le Seigneur met sa main sous lui. » (Psal., xxxvi, 24.)

Après cet ébranlement violent, la moribonde, doucement et sans le moindre débat, entra en agonie ; elle semblait dormir d'un profond et paisible sommeil ; la respiration devint de plus en plus fréquente, de plus en plus faible, et elle rendit le dernier soupir d'une manière si inaperçue que Mme Bry, penchée depuis quelque temps sur son enfant, la croyait endormie. C'était vraiment le sommeil du juste ; les yeux s'étaient fermés d'eux-mêmes. Il était une heure du matin, le premier dimanche du Carême, 22 février, et, date frappante, le jour du Rosaire fixé pour Saint-Pierre. Celle qui vient de rendre son âme si belle et si pure entre les mains de son Père céleste, est la secrétaire de l'Association. Notre-Dame du Rosaire, en appelant à elle, en ce même

jour, son enfant de prédilection, a sans doute
voulu montrer qu'elle tenait à récompenser le
dévouement de sa secrétaire, en lui obtenant de
faire sa triomphante entrée au ciel, le jour même
qu'elle aimait tant à fêter sur la terre. Lorsqu'elle rendit le dernier soupir, sa tête reposait
encore sur l'image du Cœur de Jésus placée sous
son oreiller. C'est dans ce Cœur divin agonisant
pour nous, qu'elle a puisé les forces nécessaires
pour soutenir le dernier combat. Les puis-
sances de l'enfer se sont vues désarmées devant
ces mots : « *Arrête, le Cœur de Jésus est là !* »
Cette amante si dévouée du Cœur adorable de
Notre-Seigneur a sans doute éprouvé la vérité de
ces paroles de la bienheureuse Marguerite-Marie :
« *Ah ! qu'il est doux de mourir, après avoir eu
une constante dévotion au Cœur de Celui qui doit
nous juger !* »

CHAPITRE XXII

Dans la matinée du dimanche la nouvelle de
la mort de Mlle Bry commençait à se répandre
dans le quartier ; tous les cœurs furent remplis
de tristesse. A la grand'messe paroissiale son âme
fut recommandée aux prières des fidèles. C'était
pour un grand nombre l'annonce même de sa
mort. Il y eut dans l'assemblée comme un fré-
missement de stupeur et de douleur. On se
regarde, on se demande si c'est bien là cette
jeune fille jouissant, il y a quelques jours seulement, d'une florissante santé, qui a disparu de
ce monde. L'émotion la plus vive, les regrets les
plus sincères se lisaient sur presque tous les
visages, et se trahissaient dans les voix pendant
la récitation du *De profundis*.

Le corps de la défunte, revêtue d'une robe

blanche, symbole de la pureté de son âme, fut exposé dans le petit salon de réception. Sa physionomie ne paraissait que légèrement altérée ; il était facile de lire sur ses traits ce mélange de douceur et de gravité qui était l'expression habituelle de son visage. Tout son extérieur respirait cet air calme, digne, majestueux que donne la mort aux personnes vertueuses.

Dans le courant de la journée, ses amies désolées viennent prier auprès d'elle, et déposent sur son corps des couronnes de fleurs blanches. L'amie la plus intime de la défunte lui ceint respectueusement la tête de celle qu'elle avait apportée. Le lendemain matin, sur l'invitation faite la veille au prône par M. le Curé, directeur de l'Association du Rosaire, les membres de cette confrérie se firent un doux et pieux devoir de communier au nombre de plus de quarante, pour leur défunte secrétaire, à la messe qui fut dite pour elle.

Ce même jour, à trois heures du soir, eurent lieu ses funérailles. Ce fut un vrai triomphe que n'avait jamais rêvé cette jeune fille si modeste et si humble. On pouvait craindre un moment que l'église fût trop étroite pour contenir le grand nombre de personnes qui s'étaient empressées de venir donner cette dernière marque de sympathie et de regret à une personne qui avait été si vertueuse, et mêler leurs prières à celles de l'Église.

Près du chœur, du côté de l'Évangile, était exposée, recouverte des marques de deuil, la bannière du Rosaire, à l'achat de laquelle Marie-
Élisabeth avait récemment contribué. Jamais à
un enterrement l'assistance n'avait été plus nombreuse, ni surtout plus recueillie. Pendant la
cérémonie les nombreuses amies de la défunte,
incapables de dominer leurs sentiments donnèrent
un libre cours à leurs larmes. Une douloureuse
émotion parut bientôt gagner la plupart des
assistants, lorsqu'on entonna le chant des vêpres
des morts. Chaque verset des psaumes se rapportant aux défunts semble avoir une application
plus frappante dans cette circonstance : « J'ai
trouvé l'affliction et la douleur : et » alors « j'ai
invoqué le nom du Seigneur, et je lui ai dit :
O Seigneur, délivrez mon âme » et aussitôt j'ai
éprouvé que « le Seigneur est miséricordieux et
juste et que notre Dieu est porté à faire grâce. »
J'ai senti que « le Seigneur garde les petits » qui
sont éprouvés : car « j'ai été humilié et il m'a
délivré. Entre donc, ô mon âme ! dans ton repos,
puisque le Seigneur t'a comblée de biens. Car il
a délivré mon âme de la mort » dont elle était
menacée, « mes yeux des larmes » qu'ils répan-
daient sans cesse, « et mes pieds de la chute »
qu'ils ne pouvaient éviter sans son secours. « Je
plairai donc éternellement au Seigneur dans la
région des vivants. » (Ps. cxiv, 3-9.)

Chacun des assistants entendit au fond de son cœur « cette voix descendue du ciel qui dit : *Heureux ceux qui meurent dans le Seigneur.* » Jamais, peut-être, sermon sur la mort ne suggéra des réflexions plus salutaires sur la fragilité de la vie, sur le néant de toutes choses humaines ; jeunesse, santé, beauté, qualités admirables d'esprit et de cœur, tout descendait dans la tombe !... Seules les vertus et les bonnes œuvres de la défunte avaient accompagné sa pieuse âme au tribunal de Dieu.

Après les cérémonies de l'absoute, toute cette foule pressée, émue, recueillie, voulut, malgré la distance et les routes encombrées de neige, accompagner jusqu'au cimetière les restes inanimés de cette vertueuse jeune fille, lui faisant ainsi une escorte d'honneur des plus imposantes et des plus solennelles qui se soient jamais vues à Saint-Pierre. Un temps couvert, et même de légers flocons de neige tombant du ciel semblaient ajouter à la tristesse commune. Une cinquantaine de jeunes filles, avec les signes de deuil en usage dans le pays, marchaient en rangs, deux à deux, immédiatement derrière le corps de leur compagne. Malgré les habitudes contraires parfois bien choquantes, et dont nous avons déjà dit un mot, jamais on n'avait vu un cortège plus recueilli. Le seul chant des versets du *Benedictus* rompait un profond et morne silence. Ce recueillement inaccoutumé et qui frappa tout le monde était des plus significatifs et en même temps des plus instructifs. C'était bien le cas de dire : « *Defunctus adhuc loquitur.* » (HEBR., XI, 4.) La défunte, par l'ascendant de sa vertu, parlait encore à cette foule, et la subjuguait par le spectacle éloquent d'une vie irréprochable.

Avant de déposer la plume, nous ajouterons quelques témoignages qui nous montrent, tout ensemble, et les regrets bien sincères que laissa derrière elle Mlle Bry, et la haute opinion que l'on s'était faite de ses qualités et de ses vertus.

Voici quelques lignes extraites d'une lettre écrite par une dame de Saint-Pierre, et qu'on a bien voulu nous communiquer :

« Dimanche dernier, 22 février, toute notre population Saint-Pierraise était péniblement impressionnée par la mort si prématurée de Mlle Bry. Cette triste nouvelle m'a mise toute en larmes ; pourtant, je la connaissais peu, cette bonne jeune fille ; mais j'avais subi le charme de la douce expression de bonté répandue sur tous ses traits. La simple vue de cette charmante personne éveillait en moi une vive et religieuse sympathie, et c'est là l'effet qu'elle produisait sur tous en général. D'ailleurs, la foule nombreuse et recueillie qui a tenu à l'accompagner jusqu'à sa dernière demeure, en est une preuve bien certaine.

« Si elle produisait sur les indifférents mêmes une si bonne impression, je me demande ce que devaient éprouver pour elle ses amies intimes, qui étaient à même d'apprécier sa nature d'élite. L'une d'entre elles me disait : « Vous ne pouvez comprendre la perte irréparable que j'ai faite. Depuis plusieurs années j'étais liée intimement avec Mlle Bry ; je n'ai eu sans cesse qu'à me louer de ses procédés délicats, de sa conversation toujours agréable et enjouée, mais discrète et bienveillante ; j'étais ravie de tout cet ensemble de riches qualités, développées et perfectionnées par une éducation foncièrement chrétienne, et qui faisaient de nos douces relations un vrai paradis terrestre. »

« J'ai voulu porter ma part de douloureuses sympathies à Mme Bry si cruellement éprouvée. La pauvre mère ! accablée sous le poids d'une douleur immense, mais pourtant résignée, elle était assise auprès du lit paré de sa belle jeune fille. Vraie mère de douleur, elle contemplait avec un morne chagrin et à travers d'abondantes larmes son enfant, qui semblait dormir d'un sommeil calme et paisible. Son regard ne se lassait pas de considérer ces beaux et chastes traits que le souffle glacé de la mort elle-même n'a pu flétrir. Elle observait ces lèvres qui, quoique inanimées, souriaient d'un sourire angélique à quelque vision céleste et semblaient dire : « Mère, console-toi, je suis heureuse ; à bientôt là-haut ; je te réserve une place auprès de moi. »

Au couvent du Havre-Breton où, comme nous l'avons vu, Mlle Bry s'était assuré la plus vive et la plus sincère affection de toutes les religieuses, la nouvelle de sa mort, apprise dès les premiers jours, produisit la plus douloureuse impression. « Les religieuses de notre communauté, nous dit Sœur Marie Évangéliste, pleurèrent en elle une amie, une sœur bien chère. Nous avons fait pour elle les mêmes prières (communions, récitation de l'office, etc.) que si elle eût été une des nôtres. Pendant plus d'un mois après sa mort, durant toutes nos récréations, nous ne nous entretenions que des admirables qualités et vertus de la douce enfant que nous avions eu le bonheur de posséder dans notre maison, et cela lors même qu'il se trouvait des étrangers avec nous. »

A peine la triste nouvelle de la mort de Mlle Bry fut-elle parvenue à Granville, qu'elle excita dans le cœur de tous ceux qui l'ont connue, les plus sincères regrets. Une dame de Saint-Pierre qui se trouvait alors dans cette ville, nous a affirmé que, dans une seule sortie, elle a été arrêtée et questionnée par plus de deux cents personnes, désireuses d'apprendre les détails sur la mort de celle qu'elles avaient estimée et aimée. Le dimanche suivant, l'âme de Marie-Élisabeth fut recommandée aux prières des fidèles, dans toutes les églises et chapelles de la ville.

De toutes parts, des témoignages nombreux de la plus vive et de la plus douloureuse sympathie, affluèrent vers Saint-Pierre. Nous nous contenterons de citer quelques extraits de ces lettres émues :

Paris, 19 mars 1885.

« Chère Madame Bry,

« C'est avec une émotion bien profonde, que je trace ces quelques lignes. On vient de me remettre la lettre annonçant la terrible nouvelle : « Marie Bry est morte ! » Ah ! pauvre mère ! Quel coup cruel pour vous déjà si éprouvée ! Perdre votre fille, votre bien-aimée Marie, votre adoration ! O Dieu ! est-ce possible ? Quel vide maintenant autour de vous ! Chère petite Marie ! Quels regrets elle va laisser ! car, qui ne l'aurait pas aimée, elle, si bonne, si douce, si gentille avec tout le monde ?

« Ah ! pauvre mère, que je prends part à votre douleur ! Avec vous je pleure celle qui fut l'amie préférée de ma regrettée X..., deux tendres cœurs qui étaient faits pour se comprendre. Oh ! je le crois, elles se sont revues, et du ciel elles doivent sourire à ceux qu'elles ont laissés dans la douleur...

« Je n'oublierai jamais la sympathie que vous m'avez témoignée dans des circonstances semblables, elle et vous. Je vous vois encore toutes deux, vous avez été les premières à venir me consoler dans mon malheur... Votre malheur est un malheur irréparable que rien ne peut compenser. Il vous sera difficile de vous en consoler. Mais quand même, je vous crie : « Courage ! ! la vie est courte, et quand on a tout perdu on s'y attache moins... » Dieu veuille que la vive sympathie de tous ceux qui ont connu votre délicieuse enfant, soit un adoucissement à votre douleur... »

Citons encore quelques lignes d'une autre correspondance :

« Chère Madame,

« Depuis huit jours que j'ai reçu la lettre qui m'annonce la mort de notre chère Marie, je n'ai fait que penser à vous, sans oser vous le dire. En effet, que dire devant une douleur semblable à la vôtre ? Comment rouvrir une blessure si saignante, en vous parlant de cette chère enfant... Je prends la part la plus vive à votre douleur, comme à votre espérance ; ce dernier sentiment doit être fort dans votre cœur, au souvenir de la belle vie et de la sainte mort de votre pieuse enfant. Elle jouit maintenant du bonheur qui vous attend un jour, et elle vous garde une place que vos douleurs vous auront bien méritée.

« Mais je sais, chère Madame, que si la pensée du bonheur de votre chère Marie est un adoucissement à votre douleur, cette peine est cependant bien profonde, si résignée qu'elle soit ; votre charmante fille était toute votre joie, et elle était bien faite pour votre consolation. Je comprends combien vous devez souffrir d'être séparée d'une si aimable enfant et je vous plains de tout mon cœur. Mes parents aussi prennent une large part à votre peine, et souvent ensemble nous parlons de vous et de votre chère Marie. »

Ayant appris qu'on devait publier la biographie de Mlle Bry, une de ses amies nous écrivait : « J'ai été bien surprise en recevant votre lettre, mais ce qu'elle contenait ne m'a nullement étonnée, car ma chère Marie a toujours été à mes yeux une âme d'élite. Je suis heureuse, au milieu de la peine que me cause sa mort, de penser que sa chère mémoire ne sera pas mise en oubli et qu'après avoir édifié ceux qui l'ont connue pendant sa vie, ses exemples pourront faire du bien aux âmes... Mes pauvres et indignes prières vous accompagneront dans la belle tâche que vous entreprenez... Je regrette seulement de ne pouvoir vous être plus utile dans une œuvre qui m'est bien chère. »

Nous pourrions facilement multiplier ces sortes de témoignages ; qu'il nous suffise de dire que les plus vifs regrets et les plus sincères éloges de tous ceux qui ont connu Mlle Bry, l'ont suivie dans la tombe. Tant il est vrai qu'à la couronne éternelle que Dieu décerne à ses amis, Il ajoute d'ordinaire une couronne temporelle, en préparant tous les cœurs à former des regrets sur leur perte, et en ouvrant toutes les bouches pour publier leur éloge, et ainsi se vérifient ces paroles du prophète royal : « *La mémoire du juste est éternelle.* » (Ps. 111.)

S'il nous est permis de mêler notre voix à ce concert d'éloges, nous appliquerons à la pieuse héroïne de ces pages imparfaites cette parole de louange dont l'Esprit-Saint lui-même est l'auteur : « *Ayant vécu peu d'années, elle a fourni une longue carrière ; son âme était agréable à Dieu, voilà pourquoi Il s'est hâté de la retirer de ce monde d'iniquités.* » (Sap. iv.)

Et maintenant, ô Vierge sainte, sous les auspices de qui nous avons entrepris la douce tâche de faire connaître une des enfants privilégiées de votre Cœur immaculé, pour toute récompense nous vous demandons, pour nous et pour tous les pieux lecteurs de ce livre, d'exaucer en notre faveur cette belle prière de la sainte Église :

Marie, Mère de grâces, douce Mère de miséricorde, oh ! protégez-nous contre l'ennemi et recevez notre âme à l'heure de la mort.

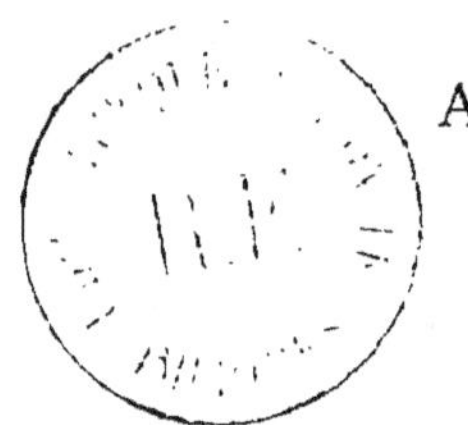

AINSI SOIT-IL.

TABLE DES MATIÈRES

PARIS. — IMPRIMERIE DE L'ŒUVRE DE SAINT-PAUL

L. PHILIPONA, 51, RUE DE LILLE